MARC SHAPIRO

Gillian Anderson
Der Megastar der Akte X

Facts und Fiction
über die Frau der 90er

Aus dem Amerikanischen
von H. Roberts

DEUTSCHE ERSTAUSGABE

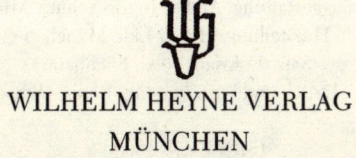

WILHELM HEYNE VERLAG
MÜNCHEN

HEYNE ALLGEMEINE REIHE
Nr. 01/11519

Titel der Originalausgabe
THE ANDERSON FILES:
The Unauthorized Biography
of Gillian Anderson

Umwelthinweis:
Das Buch wurde auf chlor- und säurefreiem Papier gedruckt.

Kapitel 11 wurde von Kai Krick überarbeitet;
der Epilog wurde exklusiv für diese Ausgabe von
Paul Varjek zusammengestellt.

Copyright © 1997 by Marc Shapiro
Copyright der deutschen Ausgabe © 1997
by Wilhelm Heyne Verlag GmbH & Co. KG, München
Printed in Germany 1997
Umschlagillustration:
Vorderseite: Deutsche Presse-Agentur, München
Rückseite: Pandis Media/Scope Features, München
Umschlaggestaltung: Atelier Ingrid Schütz, München
Herstellung: H + G Lidl, München
Satz: Fotosatz Völkl, Puchheim
Druck und Verarbeitung: Ebner Ulm

ISBN 3-453-13030-8

GEWIDMET

meiner Frau Nancy und meiner Tochter Rachel,
die mir beide mehr bedeuten
als alles andere auf der Welt

Bennie und Freda, die die Wahrheit kennen,
weil sie »dort draußen« sind

meiner Agentin Lori Perkins, die die Idee zu diesem
Buch so lange nährte, bis sie schließlich erblühte

Barry, der letztendlich den Vertrag besiegelte

und schließlich dem folgenden Bekenntnis:
Hätte ich nicht irgendwann einen Stift zur Hand
genommen und zu schreiben begonnen, dann
würde ich wahrscheinlich heute bei KISS
Gitarre spielen …

INHALT

VORWORT UND DANKSAGUNG

Bei den oft frustrierenden Recherchen zu diesem Buch hatte ich das Gefühl, als befände ich mich in der gleichen Lage wie Scully und Mulder in einer *Akte X*-Folge, da ich immer wieder auf verschlossene Türen stieß und nur unter größten Mühen brauchbare Informationen erhielt.

Zuerst versuchte ich, über ihr Agenturbüro ein Treffen mit Gillian Anderson zu arrangieren. Meine ersten drei Anrufe blieben zunächst fruchtlos. Tage später fand ich auf meinem Anrufbeantworter eine Nachricht vor, die allerdings nur aus dem Namen ihrer Agentin und einer Telefonnummer bestand. Als ich die angegebene Nummer wählte, erfuhr ich lediglich, daß die Betreffende außer Haus war, mich aber zurückrufen würde. Als sich während der nachfolgenden zwei Wochen nichts rührte, versuchte ich es noch mehrere Male unter der mir bekannten Nummer. All meine Bemühungen blieben ohne Erfolg.

Daraufhin wählte ich eine andere Taktik. Es gelang mir, herauszufinden, wo Gillian Andersons Ehemann Errol Clyde Klotz zu erreichen war, und ich hinterließ dort telefonisch die Bitte, er möge mit mir Kontakt aufnehmen. Nachdem ich wenige Tage später noch einmal nachgehakt hatte, meldete sich Klotz tatsächlich bei mir. Ich erklärte ihm, daß ich an einem Buch über seine Frau arbeitete und keineswegs die Absicht hegte, irgendwelche Sensationsgeschichten über sie zu veröffentlichen. Natürlich hob ich hervor, daß ich für ein Interview mit ihr sehr dankbar wäre. Er bat sich Bedenkzeit aus, sicherte aber zu, mich in jedem Fall über die Entscheidung seiner Frau zu informieren. Bereits zwei Stunden später läutete erneut mein Telefon, und ein Mitarbeiter von Klotz teilte mir mit, daß sein Boß keinerlei Interesse an dem Projekt habe.

Noch immer nicht entmutigt, wandte ich mich als nächstes an das FBI, in der Hoffnung, dort eine offizielle Stellungnahme zu erhalten, inwiefern Gillian Andersons schauspielerische Darstellung der Spezialagentin Dana Scully realistisch sei. Ohne mir auch nur seinen Namen zu nennen, schmetterte jedoch ein Beamter meine Anfrage kurzerhand ab und bedachte mich lediglich mit der kryptischen Bemerkung, daß »die Leute von *Akte X* mit den ausgewählten Darstellerinnen einen guten Griff getan« hätten.

Wenigstens signalisierte mir Gordon Edelstein, Gillian Andersons Regisseur in dem Stück *The Philanthropist,* daß er durchaus bereit sei, mir ein Interview zu geben. Er wollte sich allerdings zuvor das Einverständnis seines ehemaligen Schützlings einholen und mir dann Bescheid geben. Na ja, dachte ich entmutigt, das war's dann wohl endgültig. Nach all den vorangegangenen Pleiten war ich felsenfest davon überzeugt, auf Edelsteins Rückruf bis zum Sankt-Nimmerleins-Tag warten zu dürfen. Doch zuzeiten geschehen noch Wunder. Nur wenige Tage später läutete das Telefon, und Edelstein verkündete mir, daß er von Gillian grünes Licht erhalten habe. Plötzlich zeichnete sich wieder ein Hoffnungsschimmer am Horizont ab.

Und tatsächlich war bald wirklich Land in Sicht. Denn glücklicherweise tauchte aus heiterem Himmel ein in Schottland ansässiger Filmemacher auf, um mir Informationen über seine Zusammenarbeit mit Gillian Anderson anläßlich einer Fernsehdokumentation über Spionagesatelliten (*Spies Above*) anzubieten.

Dann meldete sich ein weiterer, gerade aus seinem Urlaub zurückgekehrter Regisseur bei mir, der früher mit Gillian wegen der dokumentarischen BBC-Serie *Future Fantastic* zu tun gehabt hatte. Auch er vertröstete mich zunächst mit dem Hinweis, daß er sich erst Gillians Einverständnisses versichern wolle. Als er mich ein paar Tage später zurückrief, befürchtete ich das Schlimmste, denn er verkündete mir, Gillian einfach nicht erreichen zu können. Er erklärte sich jedoch zu meinem Glück dazu bereit, mir auch so alle gewünschten Auskünfte zu erteilen.

Nach und nach tauchten noch weitere ehemalige Weggefährten Gillian Andersons aus der Versenkung auf und halfen mir mit ihren Informationen dabei, ein Mosaiksteinchen an das nächste zu fügen. In diesem Zusammenhang gilt mein Dank vor allem Ric Murphy, Lynne Meadows, Ronald Guttman, Tim Choate, Lou Puopolo, Fred Heimstra, Fred Dreher, Catherine Dreher, Scott Turkel, Mike Kuhn, Gavin Blair, Martha Ostertag, Kurt Sayenga, David McNab, John Khouri und David Feldschuh.

Überaus hilfreich für meine Recherchen waren natürlich auch diverse Presseartikel, vor allem in den folgenden Zeitungen und Magazinen: *For Him Magazine,*

Dreamwatch, Sci-Fi Universe, Starlog, Starbust Entertainment Weekly, TV Guide, Rolling Stone, People, US, Sydney Morning Herald, Sydney Sunday Telegraph, TV Week, Chicago Tribune, Cinefantastique, Detour, Movieline, Canadian Broadcasting Corporation, *Houston Post, Los Angeles Times, New York Times, SFX, Hard Copy, McCalls, USA Today, Denver Post, Washington Times, TV Scene, Washington Post, Woman's Day, Sky International* und *Associated Press.*

Insbesondere gilt mein Dank auch den folgenden Autoren, deren Veröffentlichungen und Informationen für mich sehr wertvoll waren und für deren Hilfe ich mich gern revanchieren würde: James Swallow, Juliane Lee, Ian Spelling, Kyle Counts, Paula Vitaris, Deborah Starr Seibel, Joe Nazarro, Stephanie Mansfield, Kevin Stevens, Kathleen Toth, Gary Leigh, Steven Eramo, Simon Bacal, Richard Houldsworth, Bret Watson, David Bassom, Jane Killick, Tom Gilatto, Craig Tomashoff, Andrew Billen, Jon Matsumoto, Bronwen Gora, Michael Idato, Alex Strachan, Harriet Winslow, Jenny Cooney, James Glave, Andrew Denton, Alex Witchel, Sheryl Kahn, Lynn Elber, Matt Roush, Buzz McCain, Virginia Campbell, Lynne Melcombe, Allan Johnson, Anthony Noguera, David Hughes und Daniel Nylander.

Sinn und Unsinn einer Biographie über Gillian Anderson

An dieser Stelle ist es in den meisten Biographien üblich, daß der Verfasser die von ihm dargestellte Berühmtheit zunächst einmal mit einem Wortschwall bombastischer Übertreibungen anpreist und auf diese Weise zu rechtfertigen versucht, warum es die Mühe lohnt, sich mit der Karriere der betreffenden Persönlichkeit näher zu beschäftigen. Wenn Sie so etwas erwartet haben sollten, dann muß ich sie enttäuschen, denn ich habe nichts dergleichen vor.

Anstatt Sie überflüssigerweise mit Dingen zu langweilen, die Ihnen ohnehin bekannt sind, überlasse ich lieber Gordon Edelstein das Wort: dem Regisseur des Stücks *The Philanthropist,* in dem Gillian Anderson durch ihre Rolle allenfalls eine Handvoll eingefleischter Theaterfans beeindruckte. »Ich finde, es ist schon verdammt ungewöhnlich, eine Biographie über eine Schauspielerin zu schreiben, die noch so jung ist und gerade mal auf einen lumpigen Fernseherfolg zurückblicken kann«, erklärt er lachend.

Recht hat er! Gillian Anderson ist zwar offenkundig eine überaus talentierte Schauspielerin, aber ebenso offenkundig hält sie natürlich keinem Vergleich mit einer Filmgröße wie etwa Katharine Hepburn stand – oder besser gesagt: *noch* nicht. Vorläufig aber ist die Liste ihrer schauspielerischen Erfolge denkbar kurz. Doch

Edelstein übersieht jene Faustregel, die sich in Hollywood in vielen Jahren immer und immer wieder als zutreffend erwiesen hat: Um Starruhm zu erlangen, benötigt man etwa zehn Prozent Talent und neunzig Prozent Glück. Aber wer will beurteilen, ob Gillian Anderson mehr Glück als Verstand gehabt hat und wie groß ihr Talent wirklich ist? Fest steht im Augenblick jedoch schon, daß ihre geradezu traumhafte Karriere vorerst darin gipfelt, daß sie bereits zweimal den Golden Globe als beste weibliche Hauptdarstellerin in einer Fernsehserie erhalten hat und daß die von ihr verkörperte, ewig skeptische FBI-Agentin Dana Scully eine Art moderne Göttin für die Generation der Internet-Jünger darstellt. Fest steht auch, daß sie eine längere Durststrecke überstehen mußte, bevor sie den Durchbruch schaffte. So folgten den ersten Engagements an renommierten, aber kleineren Bühnen einige unbedeutende Nebenrollen in drittklassigen TV-Produktionen, dann eine ansprechende Rolle in einem allerdings erfolglosen Kinofilm und schließlich immer wieder Aushilfstätigkeiten als Kellnerin. Daß Gillian Anderson das Zeug zu einer guten Schauspielerin hatte, stand nie in Frage. Und darum wäre sie irgendwann irgendwie irgendwo so oder so zum Star geworden, egal ob in einer Fernsehserie wie *Akte X,* in einem Kostümfilm wie *Sinn und Sinnlichkeit,* in einem Bühnenklassiker wie *Endstation Sehnsucht* oder zur Not auch als zerfetzte Leiche in *Freitag, der 13: Folge 200.*

Trotzdem: Um solch eine Chance überhaupt zu erhalten, braucht man Glück, und mit dem Glück ist es so eine Sache. Wissen Sie, wie viele Pilotfilme jedes Jahr für das Fernsehen gedreht werden? Und wissen Sie auch, wie vergleichsweise gering die Zahl derjenigen Pilotprojekte ist, die tatsächlich als Serie produziert werden? Haben Sie auch nur den Hauch einer Ahnung, wie viele Serien schließlich die ersten sechs Folgen überleben, ohne daß ihnen buchstäblich der Saft abgedreht wird? Und wie vielen dieser Fernsehserien dann tatsächlich eine zweite Staffel beschieden ist? Können Sie sich wirklich vorstellen, wie unwahrscheinlich es ist, daß eine dieser wenigen Serien in unserer unüberschaubar gewordenen Medienwelt schließlich zu einem alles überragenden Meilenstein der Fernsehunterhaltung wird?

Kurz und gut: Der Augenblick, in dem sich Gillian Anderson für die Rolle der Dana Scully bewarb und auserwählt wurde, war nur der Auftakt einer unglaublichen Glückssträhne, die bis heute zu einem unvergleichlichen Erfolg geführt hat. Allein das ist Grund genug, diese Biographie zu schreiben. Und, wie gesagt, Gillian Anderson wurde keineswegs nur durch die Willkür der Götter die Gunst der Stunde zuteil. Sie hat in der Zwischenzeit bewiesen, daß sie diese Gunst verdient!

Sollte ich mich in diesem Punkt täuschen, dann wird Gillian Andersons Stern eines Tages – wenn die letzte *Akte X*-Folge über die Bildschirme geflimmert ist – verglühen und dieses Buch auf irgendwelchen Wühltischen für ein Trinkgeld verramscht werden.

Sollte ich aber recht behalten – und meine innere Stimme sagt mir, daß dies der Fall ist –, dann wird dieses Buch nur die erste von zahlreichen noch folgenden Biographien einer atemberaubenden Schauspielerkarriere sein.

1

»Himmelhoch jauchzend, zu Tode betrübt«: Freud und Leid des Starruhms

Wenn Gillian Anderson sich heute ins Gedächtnis ruft, wie sie 1993 Clyde Klotz auf Hawaii unter freiem Himmel das Jawort gab, dann erinnert sich die Hauptdarstellerin der *Akte X* vor allem daran, wie sie den Worten des Geistlichen lauschte und dabei in den Himmel spähte. »Ich weiß nicht mehr, wonach ich Ausschau gehalten habe«, rätselt sie. »Jedenfalls nicht nach UFOs oder Ähnlichem. Aber ich weiß genau, daß ich nach irgend etwas Ausschau hielt.« Vielleicht nach einem Zeichen des Himmels, welche Bahn ihr Leben – das Leben eines Fernsehstars – wohl einschlagen würde?

Szenenwechsel! Als Gillian eines frühen Morgens in einem Hotelzimmer in Melbourne, Australien, erwachte und an das Fenster trat, um die Gardinen beiseite zu ziehen und einen Blick auf die allmählich zum Leben erwachende Stadt zu werfen, war ihr zukünftiger Kurs bereits abgesteckt.

Die Sonne stand schon am Himmel und zeichnete die diffusen Schatten der angrenzenden Gebäudekomplexe auf die Straßen. Seltsamerweise schienen sich die Fußgänger unten auf den Gehsteigen wie in Zeitlupe zu bewegen, und auch die Autos vermittelten den Eindruck, als kröchen sie im Schrittempo vorwärts, obwohl zu dieser frühen Stunde kaum Verkehr herrschte. Es sah beinahe so aus, als sei Melbourne angesichts der anstehenden Hektik des Tages vor innerer Anspannung wie gelähmt. Gillian rieb sich die letzten Reste von Schläfrigkeit aus den Augen und überlegte, ob sie erst eine Dusche nehmen oder sich zuvor vom Zimmerservice einen Kaffee bringen lassen sollte. Während sie diese beiden Alternativen gegeneinander abwog, stahl sich ein weiterer Gedanke in ihr Bewußtsein: der Gedanke an den Zeitpunkt, wenn die dunkle Limousine mit den Leuten von der australischen Public-Relations-Agentur auftauchen würde, um sie zu den im Rahmen einer Werbekampagne geplanten öffentlichen Auftritten abzuholen.

Gillian wandte sich der Wiege zu, in der sich ihre Tochter Piper gerade zu regen begann, und schenkte der Kleinen ein liebevolles Lächeln. Als Piper schließlich gähnte und zögernd die Augen aufschlug, nahm Gillian ihr Baby hoch und wiegte es leise singend in den Armen.

Kurz darauf rief Gillian das Kindermädchen an, das in einem der Nachbarzimmer untergebracht war. Auch es war bereits aufgestanden und bereit, wenig später Gillians frisch gewickeltes und mit einem Fläschchen versorgtes Töchterchen in ihre Obhut zu nehmen. Beruhigt dadurch, ihr Kind in guten Händen zu wissen, konnte sich Gillian nun gelassen auf den vor ihr liegenden Tag vorbereiten. Sie ahnte allerdings nicht, welches Spektakel sie in Melbourne erwartete!

Dabei hätte sie die Anzeichen des drohenden Vulkanausbruchs, der sich auf den bisherigen Etappen ihrer

Promotiontour durch Australien mehr und mehr angekündigt hatte, eigentlich bemerken müssen. Wie in einer *Akte X*-Folge hatten sich zunächst einzelne mysteriöse Hinweise zu einem ersten überraschenden Höhepunkt verdichtet, als vor nur wenigen Tagen bei einem Termin in einem Einkaufszentrum in Brisbane die Belagerung durch mehr als zehntausend Fans zu chaotischen Zuständen geführt hatte.

Die Welle der fanatischen Begeisterung ihrer Anhängerschaft auf dem fünften Kontinent war über einer vollkommen überraschten Gillian Anderson zusammengeschlagen. Natürlich war ihr nicht entgangen, daß sie auch aus Australien Fanpost bekam. Aber sie hatte diesen unerwarteten Zuspruch aus jenem entfernten Teil der Erde eher amüsiert als den einer exotischen Minderheit innerhalb ihrer weltweiten Fangemeinde betrachtet. Doch schon kurz nach ihrem Eintreffen in Australien war ihr klargeworden, was es auch hier für Konsequenzen hatte, ein umjubelter Star zu sein.

»Für mich ist mein Ruhm eine zweischneidige Angelegenheit«, erklärte eine allem Anschein nach erschöpfte Gillian Anderson einem Reporter aus Sydney, als sie etwa die Hälfte ihrer öffentlichen Auftritte hinter sich gebracht hatte. »Einerseits strebe ich natürlich danach, als Schauspielerin für meine Arbeit Anerkennung zu finden, und muß daher glücklich sein, so viel Zuspruch erleben zu dürfen. Andererseits sehne ich mich auch nach ein bißchen mehr Privatsphäre.«

Aber gerade ihre Privatsphäre und die ihrer Familie waren schon in den vierundzwanzig Stunden vor dem

Eintreffen in Brisbane erheblichen Belastungen ausgesetzt gewesen. Als Gillian in ihrer Limousine vor den Studios eines lokalen Senders vorfuhr, wo sie im Rahmen eines Mittagsmagazins ein Interview geben sollte, quittierte sie zunächst noch mit einem milden Lächeln, daß die Zufahrtsstraße von Fans gesäumt war. Das Lächeln wich jedoch rasch ernster Besorgnis um Leib und Leben, als sie beim Verlassen des Wagens beobachtete, wie zahlreiche Fans hektisch begannen, über die Absperrungen zu klettern, um näher an sie heranzukommen. Auch am Abend hatte sie angesichts der ungeminderten Zudringlichkeit des öffentlichen Interesses gute Miene zum bösen Spiel machen müssen, als sie während einer Party in einem *Planet Hollywood*-Restaurant auf Schritt und Tritt von einem Lokalreporter verfolgt wurde, der buchstäblich jede ihrer Bewegungen fotografierte. Irgendwann riß Gillian aber doch der Geduldsfaden, und sie machte dem Mann mit einem eiskalten Blick und jener abwehrenden Handbewegung in Richtung Kamera, die man auch von anderen verfolgten Stars kennt, klar, daß sie nun genug habe.

Wie groß ihre innere Anspannung war, verriet nicht zuletzt auch Gillian Andersons scharfe Antwort, die sie auf einer der unzähligen Stationen ihrer Odyssee auf die Frage gab, warum sie ihre Tochter nicht auf die Reise mitgenommen habe: »Natürlich habe ich sie mitgenommen. Aber ich will sie vor Ihnen schützen.«

»Berühmt sein ist, als ob man erstickt!« gestand Gillian Anderson zu einem späteren Zeitpunkt ihrer Australientour, als die Erschöpfung längst zu ihrem ständigen Begleiter geworden war. »Ich liebe es, mein eigenes Privatleben zu führen, und finde es nicht besonders prickelnd, wenn ich von Paparazzi verfolgt werde und sie in meine Privatsphäre eindringen. Ich befinde mich gerade jetzt in einer etwas angeschlagenen und verwundbaren Verfassung und habe daher eher eine Abneigung gegen große Menschenansammlungen. Aber dennoch muß ich mich beinahe jeden Tag vor Hunderten und Tausenden von Menschen präsentieren, die von mir pausenlos meine volle Aufmerksamkeit erwarten. Das laugt mich emotional sehr aus.«

Vor dem Hintergrund dieses Geständnisses wird erkennbar, wie Gillian Anderson sich gefühlt haben muß, als sie sich in Brisbane mehr als zehntausend fanatischen Anhängern ausgeliefert sah. Die wogende Menschenmasse hatte zwar zunächst relativ geduldig ausgeharrt, nach dem Eintreffen und den Begrüßungsworten ihres Idols allerdings rasch zu immer rabiateren Methoden gegriffen, um näher an die provisorisch aufgebaute Bühne heranzukommen. Als Gillian damit begann, eine Vielzahl von Gegenständen zu signieren, mit denen sie buchstäblich bombardiert wurde, nahm der Ansturm der Leute so stark zu, daß einige der vorne Stehenden regelrecht niedergetrampelt wurden. Besorgt bemühte sich die Schauspielerin, die Menge zu beruhigen, indem sie zusicherte, alle Autogrammwünsche zu befriedigen. Als das Chaos dennoch immer wilder zu werden schien, brach sie ihren Auftritt schließlich kurzerhand ab, um Schlimmeres zu verhindern. Als Gillian noch am selben Abend aus Brisbane abreiste, machte sie keinen Hehl daraus, daß ihr diese Entwicklung ihrer Promotiontour im Vorfeld der neuen *Akte X*-Staffel alles andere als willkommen war. Ihren Unwillen bekam vor allem ein Reporter des neuseeländischen Fernsehens zu spüren, der von ihr kurz und knapp abgefertigt wurde. Es hatte zwar auch ein paar lästige technische Probleme gegeben, entscheidend aber war, daß der Interviewer immer wieder versuchte, aus Gillian so etwas wie ein Geständnis herauszukitzeln, daß sie ein Verhältnis mit ihrem Filmpartner David Duchovny habe.

»Dieses Gerücht ist völlig aus der Luft gegriffen«, dementierte sie dieses nervtötend oft auftauchende Gerücht. »Die Leute glauben, nur weil wir zusammen arbeiten, müßten wir auch ein Liebespaar sein. Sie wollen einfach nicht glauben, daß wir uns außerhalb der Dreharbeiten kaum sehen und daß jeder von uns sein eigenes Leben lebt.«

Der unablässige Druck durch die Medien und die Öffentlichkeit trieb Gillian Anderson an ihre Grenzen, aber sie biß die Zähne zusammen und hielt durch: auch wenn – oder gerade weil – in Sydney, dem nächsten Ziel ihrer Tour, bereits zwölftausend Fans auf sie warteten. Einer ihrer Anhänger hatte die ganze Nacht im Auto verbracht, um ihr bei ihrem Auftritt möglichst nah zu sein. Andere postierten sich bereits um fünf Uhr früh vor den Einlaßtoren, obwohl Gillian erst mittags gegen Viertel vor zwei eintreffen sollte. Da sich jedoch die Nachricht wie ein Lauffeuer verbreitet hatte, welche ungeheuren Ausmaße die zu Gillians Auftritten strömenden Pilgerscharen von Fans nicht nur in Brisbane gehabt hatten, wurden diesmal nicht weniger als einhundert Polizisten und Sicherheitsbeamte zum Schutz des Stars aufgeboten.

»Hallo! Es ist toll, euch zu sehen!« begrüßte sie die Menge. »Wow! Es ist phantastisch, daß ihr alle gekommen seid!«

Da die Leute zuvor darüber informiert worden waren, daß jedes übertriebene Schieben und Drängeln zum sofortigen Abbruch der Veranstaltung führen würde, verhielten sich die meisten während der kurzen Ansprache Gillians ruhig. Als diese jedoch zu einem Stift griff, um Autogramme zu verteilen, gab es kein Halten mehr, da sich vor allem die weit entfernt Stehenden hemmungslos nach vorne kämpften. Deutlich waren dumpfe Aufprallgeräusche zu hören, als die vorderen Reihen durch die Nachrückenden gegen die Bühne gepreßt wurden. Schreiende Menschen stürzten zu Boden und drohten niedergetrampelt oder erstickt zu werden, so daß die bereitstehenden Sanitäter unverzüglich damit begannen, sich einen Weg durch die Menge zu bahnen und die Verletzten zu bergen, deren Anzahl sich schließlich auf insgesamt achtzig Personen beziffern sollte. Da Gillian rasch erkannte, was vor sich ging, wandte sie sich immer wieder beruhigend an die Menge. Als jedoch – wie schon in Brisbane – alle Appelle an die Vernunft wirkungslos blieben, verließ sie auch hier mit einer Mischung aus ungläubigem Staunen und Bestürzung in den Augen die Bühne – und machte sich auf den Weg zur nächsten Veranstaltung …

Das, was sich besonders in Gillian Andersons Bewußtsein drängte, als sie in einer unauffälligen Limousine durch die Straßen Melbournes chauffiert wurde, war die von ihr als unkontrollierbar beklemmend empfundene, dunkle Seite des Starruhms. Und mehr noch: Als die Schauspielerin durch die von außen undurchsichtigen und vor Kälte leicht beschlagenen Scheiben in die finstere Eintönigkeit der Straßen blickte, spürte sie fröstelnd, daß sie noch längst nicht mit allen mysteriösen Erscheinungsformen des auf sie fixierten Starkultes Bekanntschaft gemacht hatte. Was würde sie dort draußen noch erwarten? Es war beinahe wie in einer *Akte X*-Folge …

Als Gillian wenig später im Parkhaus eines Einkaufszentrums aus dem Wagen stieg und sich dabei eine Locke ihres zeitlos-elegant frisierten Haars aus der Stirn strich, verriet ihr Gesicht zugleich Erschöpfung und innere Anspannung. Die mit einem dunklen Hosenanzug bekleidete Schauspielerin wechselte ein paar kurze Worte mit ihrem Tourmanager, wobei sie ihre zu einem Markenzeichen gewordene Brille mit Metallgestell zurechtrückte. Dann sah sie sich plötzlich von einer Phalanx muskulöser Bodyguards umgeben, die sie in gebührendem Abstand zwischen sich nahmen und durch ein paar schwachbeleuchtete Gänge führten, in denen die Echos der Schritte hohl widerhallten. Inmitten der Hünen wirkt die ohnehin eher zierliche, siebenundzwanzigjährige Schauspielerin noch zerbrechlicher als sonst.

Bei der vor ihr liegenden Autogrammstunde war sie auf eine schätzungsweise fünftausend Fans umfassende Menschenmenge gefaßt. Auf dieser, ihrer ersten großen

Promotiontour, die sie allein, ohne andere Kollegen des *Akte X*-Teams unternahm, und gerade kurze Zeit vorher hatte Gillian bereits größeren Fangemeinden gegenübergestanden. Aber als sie durch einen Hintereingang in die Eingangshalle des Einkaufszentrums geleitet wurde, war sie trotzdem aufs neue überrascht. Wieder drohte eine unübersehbar heranbrandende Woge an Menschen, die Kameras, *Akte X*-Videos und Fotos des Stars über ihren Köpfen schwenkten, die provisorisch errichtete Bühne zu überfluten und mit sich fortzureißen. Verblüfft, aber auch ein wenig beklommen, raffte sich Gillian auf, die vor ihr liegende Treppe zu erklimmen und sich den Blicken der Fans zu präsentieren. Vorher warf sie jedoch noch ein paar suchende Blicke um sich. Hätte sie doch jetzt nur ihren Filmpartner David Duchovny an ihrer Seite gehabt, der in den vielen brenzligen Situationen der *Akte X*-Fälle immer die Nerven behielt ... Aber da »Mulder« nirgendwo zu sehen war, mußte sich »Agent Scully« eben allein durchbeißen ...

Gillians Erscheinen auf der Bühne wurde von tumultartig anschwellendem Lärm und einem von allen Seiten aufflammenden Blitzlichtgewitter begleitet. Der geplante Programmablauf war der Schauspielerin längst in Fleisch und Blut übergegangen: ein paar kurze Begrüßungsworte und dann den Filzstift zücken, um einige der ihr entgegengereichten Fan-Artikel zu signieren. Doch wieder drohte Chaos, als die wogende Masse zur Bühne drängte.

»Hört auf! Zurück! Ihr zerquetscht uns!« Die verzweifelten Rufe aus den Reihen der vorne Stehenden blieben ohne Wirkung auf das eskalierende Geschehen. Ein junges Mädchen wurde so grob gegen den Bühnenaufbau gestoßen, daß es zusammenbrach. Direkt daneben verletzte eine wild umhergeschwungene Videokamera einen der Umstehenden am Kopf, während an anderer Stelle eine Frau einen Kreislaufkollaps erlitt, ihre Hände krampfhaft um eine *Akte X*-Videokassette geklammert. Besorgt und gleichermaßen frustriert, bemühte sich Gillian Anderson wieder und wieder, die tobende Menge zu beruhigen: »Hier vorne werden Menschen zerquetscht! Wir wollen doch heute hier keine Autopsien vornehmen müssen!«

Als ihre Worte wieder einmal ungehört blieben und sowohl Sicherheitskräfte als auch Sanitäter damit begannen, verletzte Fans zu bergen und vor den Nachdrängenden in Sicherheit zu bringen, blieb Gillian erneut nichts anderes übrig, als sich seufzend und mit ein paar halbherzigen Dankesworten zu verabschieden und dann von der Bühne zu flüchten, um dem Treiben ein Ende zu bereiten.

Glücklicherweise sollte sich später herausstellen, daß auch in Melbourne niemand ernsthaft zu Schaden gekommen war. Dennoch lasteten die Bürde und die Konsequenzen ihres Ruhms immer schwerer auf Gillians Schultern. »Was zum Teufel tue ich hier eigentlich?« platzte es in einem Augenblick tiefer Verunsicherung und Verzweiflung aus ihr heraus. Und es war keineswegs das erste Mal, daß sie sich diese Frage stellte.

Vermutlich war die Schauspielerin schon im Januar

1996 in Los Angeles von ähnlichen Selbstzweifeln geplagt worden, als sie sich im Burbank Hilton Hotel in einer improvisierten Garderobe auf ihre Premiere vorbereitete, bei einem großangelegten Treffen von *Akte X*-Fans aufzutreten. Die Tatsache, daß aus dem Versammlungssaal pausenlos die Lachsalven an ihr Ohr drangen, die ihr Schauspielerkollege Dean Haglund – einer der Lone Gunmen – durch sein komödiantisches Talent auszulösen wußte, trug nicht gerade dazu bei, ihr eigenes Lampenfieber zu beruhigen. Nervös ließ Gillian zum wiederholten Male ihre Blicke über die wenigen Stichworte gleiten, die sie auf einem Zettel für ihre Begrüßung der Fans notiert hatte. »Verdammt, ich habe mir überhaupt nichts Komisches überlegt«, seufzte sie verzagt, als ihr Manager sie zu beruhigen versuchte. »Ich hatte doch nicht geahnt, daß das hier eine Unterhaltungsshow werden sollte.«

Unwillkürlich mußte sie an David Duchovny denken, der auch nach Abschluß der Dreharbeiten für die zweite Staffel der *Akte X* standhaft geblieben war und sich kategorisch weigerte, an derartigen Veranstaltungen teilzunehmen. Bisher war sie seinem Vorbild gefolgt, doch dann hatte sie sich wenige Tage vor dem Fan-Treffen doch spontan dazu entschlossen, ihre Teilnahme zuzusagen, um auf diese Weise einmal ihren Anhängern persönlich gegenüberzustehen. »Sicher bin ich aufgeregt«, gestand sie kurz vor dem Auftritt. »Aber ich halte es einfach für dumm, nicht wenigstens einmal bei so etwas mitzumachen, auch wenn das hier meine einzige Convention-Erfahrung bleiben wird.«

Gillian Anderson dürfte sich nicht zuletzt deswegen zu diesem Entschluß durchgerungen haben, weil sie sich von dem Bad in der Menge ihrer Fans eine persönliche Bestätigung und ein noch besseres persönliches Image erhoffte. Schließlich verkörperte sie nun bereits zwei Jahre lang als Dana Scully die weibliche Hauptrolle in der überaus erfolgreichen Fernsehserie – auch wenn sie an der Seite Fox Mulders alias David Duchovny bisher nur die zweite Geige spielte. Zudem war sie bisher vor allem durch ihre Schwangerschaft und die dadurch notwendig gewordenen Kunstgriffe der Drehbuchautoren in die Schlagzeilen der Boulevardpresse und das kritische Kreuzfeuer der Fans geraten.

Inzwischen stehen die Drehbuchautoren vor ganz anderen Problemen, denn sie müssen sich darüber den Kopf zerbrechen, wie sie auf angemessene Weise eine wesentlich reifer gewordene Spezialagentin Dana Scully ins rechte Licht der Studioscheinwerfer rücken. Schließlich wäre es eine Todsünde, schlüge man nicht Kapital aus der Tatsache, daß man in Gestalt der energisch, entschlußfreudig und intelligent auftretenden Gillian Anderson über einen seltenen Rohdiamanten verfügt, der lediglich noch des letzten Schliffs bedarf.

In gleichem Maße, wie *Akte X* am Ende des zweiten Produktionsjahres von einer Kultserie für Eingeweihte zu einem auch von den Medien gefeierten Phänomen der modernen Fernsehunterhaltung vom Schlage der *Star Trek*-Serie aufstieg, ist auch Gillian Anderson zum Erfolgsgaranten einer ungeheuren Zuschauerakzeptanz geworden. Beschränkte sich ihre Rolle anfangs noch auf den Part der ewigen Zweiflerin, die immer einen Schritt langsamer als ihr männlicher Kollege Fox Mulder war, so tritt sie heute gleichberechtigt neben ihm auf und vertritt im Kontrast zu Mulders oft abenteuerlichen Theorien eine nur schwer widerlegbare, scharfsinnige Logik. Darüber hinaus dokumentiert sich Gillians höherer schauspielerischer Stellenwert in der Tatsache, daß die Drehbuchautoren Dana Scully inzwischen regelmäßig – zum Vergnügen der Zuschauer – die Freiheit einräumen, Fox Mulder auf spielerische und ironische Weise aufzuziehen: eine Neuerung, die noch zu Zeiten der ersten Staffel undenkbar gewesen wäre, da das damalige Rollenkonzept ausnahmslos einen ausgesprochen nüchternen Umgangston zwischen beiden vorsah.

»Offen gesagt, finde ich, daß Scully lange genug in Mulders Schatten gestanden hat«, offenbarte Gillian Anderson in einem 1995 geführten Gespräch. »Mittlerweile haben ihr die Drehbuchautoren längst bescheinigt, daß sie über genügend Kompetenz verfügt, die Ermittlungen auch eigenverantwortlich zu leiten. Deswegen ist es auf die Dauer für alle Beteiligten recht ermüdend, wenn sie immer erst als Zweite ins Ziel kommt. Anfangs machte dieses Konzept noch Sinn. Aber inzwischen – davon bin ich überzeugt – ist jeder froh, daß sie etwas mehr Handlungsspielraum bekommt.«

Zweifellos bringt Gillian Anderson die nötigen Voraussetzungen mit, um einen interessanten, mit Ecken und Kanten versehenen Charakter verkörpern zu können. »Sie ist fraglos ausgesprochen clever und gewitzt«, bestätigt Glen Morgan, einer der für die Serie arbeitenden Drehbuchautoren. »Meine Kollegen und ich haben ihr das Leben wirklich nicht leichtgemacht. Aber sie hat jede Herausforderung bravourös gemeistert.«

Gewichtiger noch ist das Lob, das Chris Carter – der geistige Vater von *Akte X* – der Arbeitsmoral seiner Hauptdarstellerin zollt. »Gillian verfügt über einen unermüdlichen Arbeitseifer. Trotz der langen Drehtage, die wir unseren Schaupielern zumuten, kann ich mich nicht daran erinnern, daß sie sich jemals über ihr Los beklagt hätte. Außerdem stand sie noch zwei Tage vor der Geburt ihrer Tochter vor der Kamera. Ich glaube, das sagt mehr als tausend Worte.«

Ebenso aussagekräftig ist die verschmitzte Huldigung, die David Duchovny seiner Filmpartnerin entgegenbringt: »Sie ist schlicht und einfach die beste Scully, mit der ich je zusammengearbeitet habe.«

Mittlerweile ist Gillian Andersons Gesicht zu einem Markenzeichen geworden, denn als Folge des unglaublichen Erfolgs der Fernsehserie prangt das Gesicht der Schauspielerin auf einer Vielzahl von *Akte X*-Fan-Artikeln wie Postern, T-Shirts, Bucheinbänden, Titelseiten auf Fan-Zeitschriften und Kaffeetassen; als Figur aus Tusche und Farbe ermittelt sie in der *Akte X*-Comicserie, und die Zeitschrift *Penthouse* ließ sie – ebenfalls gezeichnet – in einer wenig jugendfreien Version der Serie gar die Rolle des Bösewichts übernehmen. Kurz gesagt: Gillian Anderson ist längst zur umfeierten Kultfigur einer unübersehbaren Fan-Gemeinde geworden.

Allerdings hatte sie anfangs einige Schwierigkeiten damit, sich der Segnungen zu erfreuen, die ihr bereits während der Ausstrahlung der ersten *Akte X*-Staffel in den Computerforen des Internet zuteil wurden.

Sollten Sie auf diesem Gebiet ein Laie sein und nicht wissen, was gemeint ist: Es gibt beispielsweise eine Internet-Seite mit dem Titel *Gillian Anderson FAQ (frequently asked questions* = immer wieder gestellte Fragen über Gillian Anderson). Dort kann man biographische Daten über die Schauspielerin erfahren: ihr Geburtsdatum, ihren Bildungsgang, die genaue Betonung ihres Vornamens (Dschill-i-en), Größe, Haarfarbe und so weiter. Zudem gibt es die *Gillian Anderson Sounds Page,* die dem interessierten Fan Ausschnitte aus klassisch gewordenen *Akte X*-Dialogen Scullys anbietet. Darüber hinaus eröffnet sich männlichen Anhängern die Möglichkeit, Mitglied der *Gillian Anderson Testosteron Brigade* zu werden, um im Kreise Gleichgesinnter der Schönheit und der Intelligenz der Schauspielerin zu huldigen. Aber auch weibliche Fans kommen nicht zu kurz und können sich der *Gillian Anderson Oestrogen Brigade* oder der *Gillian Anderson Neuro-Transmitter Association* anschließen. Auf diese Weise ist das Internet zur internationalen Informationsbörse für die weltweite Fan-Schar Dana Scullys alias Gillian Andersons geworden, ein Phänomen, das sie selbst mit einem knappen »Find' ich prickelnd« kommentiert.

»Mrs. Anderson ist in unseren Augen der Idealtyp der modernen Frau schlechthin«, heißt es in einer Botschaft der *Testosteron Brigade,* die ihr Idol via Computer anbetet. »Schließlich ist sie alles andere als eine hohlköpfige Blondine, die ihren beruflichen Erfolg nur ihren hohen Absätzen verdankt.«

Diese Aussage umschreibt kurz und bündig das Erfolgsrezept, mit dessen Hilfe Gillian alias Dana in so kurzer Zeit so unglaublich populär werden konnte. In einer geheimnisvoll-düsteren Welt, die von Außerirdischen und Monstern bevölkert und zudem von einer zwielichtigen Regierung manipuliert wird, behält sie stets einen kühlen Kopf und folgt ausnahmslos den Gesetzen ihrer messerscharfen Logik. Von diesem Kurs ist sie noch nie abgewichen: auch nicht, um beispielsweise ein schwaches Drehbuch zu retten oder um gleichermaßen sensationslüsterne wie quotensteigernde Erwartungen zu befriedigen. Deshalb kommt es auch nicht zu sexuellen Kontakten zwischen ihr und Mulder. Statt dessen schießt sie – in der *Akte X*-Episode *Anasazi* – ihren eigenen Kollegen eher einmal ebenso gezielt wie kaltblütig nieder, wenn es die Situation im Laufe eines nervenzerreißenden Geschehens erfordert und nur auf diese Weise noch Schlimmeres verhindert werden kann.

Nein, Scully entspricht wirklich in keinerlei Hinsicht den gängigen Klischees konventioneller Hollywood-Blondinen. Gerade darin aber besteht offensichtlich der Grund, daß sie zum Idol für eine Generation kritischer und intelligenter Zuschauer/innen geworden ist. In einer Fernsehlandschaft, die zum einen von hirnlosen *Baywatch*-Püppchen mit silikonvergrößertem Busen und zum anderen von kalten, roboterähnlichen *Star Trek*-

Kreaturen dominiert wird, bildet die attraktive, eigenwillige und psychologisch überzeugende Gillian Anderson für ein intellektuell anspruchsvolles Publikum eine
verführerische Alternative, auch wenn sie nicht in allem
den klassischen Schönheitsvorstellungen entsprechen
mag. Aber sie hat fraglos künstlerisches Neuland betreten und dabei einen riesigen Schritt vorwärts getan, um
auf dem Bildschirm einen gleichermaßen neuen wie
auch erfolgreichen Frauentypus zu etablieren, der den
Zuschauer in seinen Bann schlägt und nach mehr verlangen läßt.

»Scully ist eine tolle Rolle«, bestätigte Gillian Anderson daher bereits während der Dreharbeiten für die
erste *Akte X*-Staffel. »Sie ist stark, sie ist unabhängig,
und sie ist sehr intelligent. Scully ist eine sehr ansprechende Rolle für eine Frau. Ich glaube, daß Männer und Frauen sich von Scullys Ehrlichkeit, Intelligenz
und ihrer Hingabe an ihren Beruf gleichermaßen an-
gezogen fühlen. Das sind schließlich Charakterzüge,
mit denen jeder etwas anfangen kann.«

Chris Carter stellte die Weichen für den unglaublichen Erfolg der Serie nicht zuletzt dadurch, daß er
bereits im Vorfeld der Produktion bei der Frage der
Rollenbesetzungen auf Gillian Anderson bestand und
sich nicht mit einer typischen honigsüßen Hollywood-
Blondine zufriedengab. Seiner Meinung nach war ihr
die Rolle der Dana Scully regelrecht auf den Leib geschrieben. »Gillian ist ausgesprochen intelligent und
darüber hinaus sehr ehrgeizig. Das sind auch hervorste-
chende Wesensmerkmale von Scully, die sich gegenüber

ihren männlichen Kollegen behaupten muß, dennoch aber ihre weibliche Ausstrahlung bewahrt.«

Noch drei Jahre zuvor war Gillian Anderson einem größeren Publikum vollkommen unbekannt gewesen. Nüchtern betrachtet, hatte sie lediglich bei ein paar mehr oder weniger unbedeutenden Theaterproduktionen an der Ostküste auf der Bühne gestanden, die Hauptrolle in einem praktisch unbeachtet gebliebenen Film gespielt, als Sprecherin bei einem Hörspiel mitgewirkt und konnte ansonsten nur einen Kurzauftritt in einer kurzlebigen Fernsehserie verbuchen. Was also für ein kometenhafter Aufstieg! Ein Aufstieg allerdings, der auch seinen Preis hat.

Bei einem Interview, das die damals noch unverheiratete Gillian kurz nach der Premiere der ersten *Akte X*-Folge gab, zeigte sie sich auf die Frage nach ihren Karriereerwartungen noch ausgesprochen zurückhaltend: »Wenn ich den ganzen Tag nur darüber nachgrübeln würde, was es bedeutet, plötzlich ein Star zu sein, würde ich wahrscheinlich eine Gänsehaut nach der anderen bekommen. Darum nehme ich die Dinge im Moment einfach so, wie sie kommen. Ich glaube, das ist schon eine ganze Menge.« Als sich Gillian Anderson 1995 – nachdem sie zwischenzeitlich Errol Clyde Klotz, der als Art-Director für die Produktion von *Akte X* tätig war, geheiratet hatte und Mutter ihrer Tochter Piper geworden war – zu derselben Frage äußerte, hatte sich ihr Ton merklich geändert: »Notgedrungen schotte ich mich heute sehr viel mehr von der Außenwelt ab, da ich nirgendwo mehr hingehen kann, ohne daß mich die Leute sofort erkennen. Manchmal spüre ich nur noch den heftigen Wunsch, mich einfach zu verstecken.«

Kehren wir nun aber zurück in die Garderobe des Burbank Hilton Hotel und zu Gillians bevorstehendem Auftritt vor der wartenden Fan-Gemeinde, die gerade mit donnerndem Applaus Dean Haglund verabschiedet. Noch immer ist die hinter der Bühne wartende Schauspielerin sehr nervös. Aber als das Licht in der großen Halle heruntergedreht wird und Bilder an eine riesige Wand projiziert werden, die Dana alias Gillian zeigen, und daraufhin von überall begeisterte und erwartungvolle Ausrufe erschallen, verfliegt das Lampenfieber zusehends. Bei dem Gedanken, zu welch umjubeltem Star sie durch eine einzige Fernsehrolle geworden ist, muß Gillian unwillkürlich schmunzeln. Dann zuckt sie seufzend mit den Achseln und tritt ins Rampenlicht der Bühne.

Im gleichen Augenblick, als die Menge der Fans Gillian sieht, bricht ein ohrenbetäubender und nicht enden wollender Jubel aus. In dem dröhnenden Beifall und dem ekstatischen Kreischen der Menschen würde selbst der Triebwerkslärm eines startenden Flugzeugs untergehen. Kinder und Jugendliche stürmen auf die Bühne zu, um dort ehrerbietig ihre Blumensträuße für Gillian abzulegen, die – wie nicht zu übersehen ist – dieser Empfang völlig überwältigt. Alle zuvor zurechtgelegten Begrüßungssätze sind von diesem Orkan der Begeisterung hinweggefegt worden. Erst als sich nach einer ganzen

Weile der Lärmpegel senkt, tritt sie an das Mikrofon – vor Fassungslosigkeit noch immer nicht in der Lage, auch nur ein Wort über die Lippen zu bringen. All ihre Sorgen, möglicherweise keinen Zugang zum Publikum zu finden, haben sich als grundlos erwiesen. Und wenn es noch eines Beweises bedurft hätte, dann hat sie ihn jetzt erhalten: Sie ist ein Star, und sie wird von allen verehrt.

»Hat jemand von Ihnen eine Frage an mich?«

2

Wie alles anfing

Der August des Jahres 1968 fiel in eine weltweite Umbruchphase. Diese Tatsache resultiert weniger aus der damaligen Überschwemmungskatastrophe in Indien, die mehr als tausend Menschen das Leben kostete, als vielmehr daraus, daß in jenen Tagen sowjetische Panzer an der Grenze zur ČSSR stationiert wurden, um kurz darauf durch die Straßen Prags zu rollen und dort dem Freiheits- und Selbstbestimmungsstreben des tschechischen Volkes ein jähes Ende zu bereiten.

Aber auch in Chicago, Illinois, ging es hoch her. Anläßlich des dortigen Parteitags der Demokraten, die schließlich Hubert Humphrey als ihren Präsidentschaftskandidaten nominierten und gegen Richard Nixon ins Rennen um die Wählerstimmen schickten, versammelten sich aus allen Landesteilen Kriegsgegner zu einer Großdemonstration, wobei die Flower-Power-Symbole der Protestierenden in groteskem Kontrast zu den allerorts wehenden Sternenbannern standen. Stunden später sollte die Polizei die Demonstration regelrecht niederknüppeln, und die Welt würde nicht mehr dieselbe sein, die sie einmal war. Doch buchstäblich in Rufweite all diesen Geschehens am Grant Park ereignete sich noch etwas anderes, wovon die Welt zunächst kaum Notiz nahm: Gillian Anderson wurde hier in Chicago, Illinois, am 8. August 1968 geboren.

Gillian war das erste Kind von Edward und Rosemary Anderson, einem Ehepaar, das dem Arbeitermilieu entstammte, in der damaligen Umbruchstimmung dem allgemeinen Zeitgeist folgte und danach strebte, seine Lebensträume zu verwirklichen. Als ihre Tochter zwei Jahre alt war, beschlossen beide – deren Beruf Gillian später auf die Frage eines Reporters scherzhaft mit »Figuren in einem Kuriositätenkabinett« angab –, ihre Zelte in Chicago abzubrechen und einen Selbstfindungs-Trip nach Puerto Rico zu unternehmen. Das dortige Gastspiel dauerte etwa ein Jahr und endete mit dem plötzlich gefaßten Entschluß, nach England zu gehen. Dort schrieb sich Edward Anderson im Januar 1971 bei der Londoner Filmhochschule ein, mit dem Ziel, später eine Tätigkeit im Bereich der Filmproduktion auszuüben.

Diese Phase ihres Lebens verbrachte Gillian zunächst in einem vergleichsweise gesichtslosen Londoner Wohnviertel, bevor die Familie in die vornehmeren Rosebury Gardens Nr. 19 zog. Hier blieben die Andersons längere Zeit wohnen, nachdem Gillians Vater den zweijährigen Studiengang mit Auszeichnung abgeschlossen und London auch weiterhin zum Ort seiner beruflichen Zukunft erkoren hatte. Also besuchte Gillian die nahegelegene Coleridge-Grundschule und erwarb sich in diesen Jahren nicht nur einen ausgeprägten britischen Akzent, sondern auch ein deutlich erkennbares – und für ihr Alter ungewöhnlich intensives – Interesse für naturwissenschaftliche und übernatürliche Phänomene.

Zwanzig Jahre später erinnert sich die Schauspielerin daran, daß sich ihre frühe Faszination von naturwissenschaftlichen Fragen im allgemeinen und an Biologie im besonderen zuerst bei ihren Exkursionen im Garten gezeigt habe, wo sie mit Begeisterung Regenwürmer ausgrub. Als sie dann gerade alt genug war, um lesen zu können, verschlang sie förmlich alle Ausgaben des *Omni*-Magazins, vor allem die Artikel über UFOs.

Die meisten Erinnerungen, die Gillian Anderson an ihre frühe Jugend hat, bestehen – wie bei fast allen Menschen – aus einzelnen bruchstückhaften Eindrücken. »Ich glaube, daß ich eine ziemlich normale Kindheit verlebt habe, auch wenn mein Vater einen ausgesprochen ungewöhnlichen Beruf hatte«, erklärt sie. »Meine Eltern waren eigentlich immer sehr nachsichtig mit mir, so daß ich mir viele Freiheiten herausnehmen durfte, die andere Kinder oft nicht genossen. Das mag dazu geführt haben, daß ich mich zu einem richtigen Wildfang entwickelte und Dinge tat, die sich sonst nur die Jungen zu tun trauten.«

Mit diesem Geständnis deutet Gillian an, daß die durchgängig guten Noten und der große Freundeskreis an der Coleridge-Grundschule nur eine Charakterseite des selbstbewußten Kindes spiegeln. Die Recherchen, die Lowri Turner – eine Reporterin des *London Sunday Mirror* – hinsichtlich Gillians Kindheit angestellt hat, ergeben jedoch noch ein anderes und keineswegs nur schmeichelhaftes Bild: »Ich habe eine ganze Reihe ihrer früheren Mitschüler interviewt, und nach all dem, was mir dabei berichtet wurde, muß sie ein regelrechter Satansbraten gewesen sein. Übereinstimmend sagten alle Befragten aus, daß Gillian keiner Rauferei aus dem We-

ge ging und ihren Klassenkameraden regelmäßig Zettel-
chen zukommen ließ mit Drohungen wie ›Warte nur, bis
es klingelt und die Stunde vorbei ist! Dann kannst du was
erleben!‹«

London war auch der Ort, wo Gillian zum ersten Mal
in ihrem Leben einen Jungen – Adam – küßte und, wie
sie freimütig lachend gesteht, die ersten, wenn auch pro-
fanen Erfahrungen in Sachen Sex machte. »Für meine
Eltern muß ich wirklich eine Plage gewesen sein. Ich erinnere mich beispielsweise daran, wie ich eines Tages vor
meine Mutter trat und sie fragte, was denn das Wort
›ficken‹ bedeute. Aber sosehr ich mich auch anstrenge,
ich bringe einfach nicht mehr zusammen, was sie mir damals geantwortet hat. Ich weiß nur noch, daß ich das
Wort zum erstenmal im Alter von etwa acht Jahren an
der Schule aufgeschnappt hatte, und zwar von einem
zwölfjährigen Jungen. Er hatte offensichtlich etwas für
mich übrig, und ich auch für ihn. Aber ich war völlig ver-
schüchtert, weil er sich wie ein Erwachsener benahm.
Vielleicht hatte er dieses Wort, von dem ich noch nicht
einmal wußte, was es bedeutete, sogar schon in die Tat
umgesetzt …«

Im Jahre 1979 entschlossen sich die Andersons, wieder nach Amerika zurückzukehren und sich in Grand
Rapids, Michigan, anzusiedeln. Dort wollten sie zum einen ihrer Tochter die Segnungen des amerikanischen
Bildungssystems zuteil werden lassen und zum anderen
eine eigene Firma für die Nachbearbeitung von Filmen
aufbauen.

Für die zwar in Amerika geborene, aber in England

aufgewachsene, elfjährige Gillian kam der erste Tag an
einer amerikanischen Schule einem alptraumhaften Erlebnis gleich. »Ich wurde ständig von dem Gefühl be-
herrscht, irgendwie fehl am Platz zu sein«, berichtet sie.
»Außerdem konnte ich den Umzug von der Weltstadt
London in dieses Nest im Norden Amerikas nicht so einfach verkraften.«

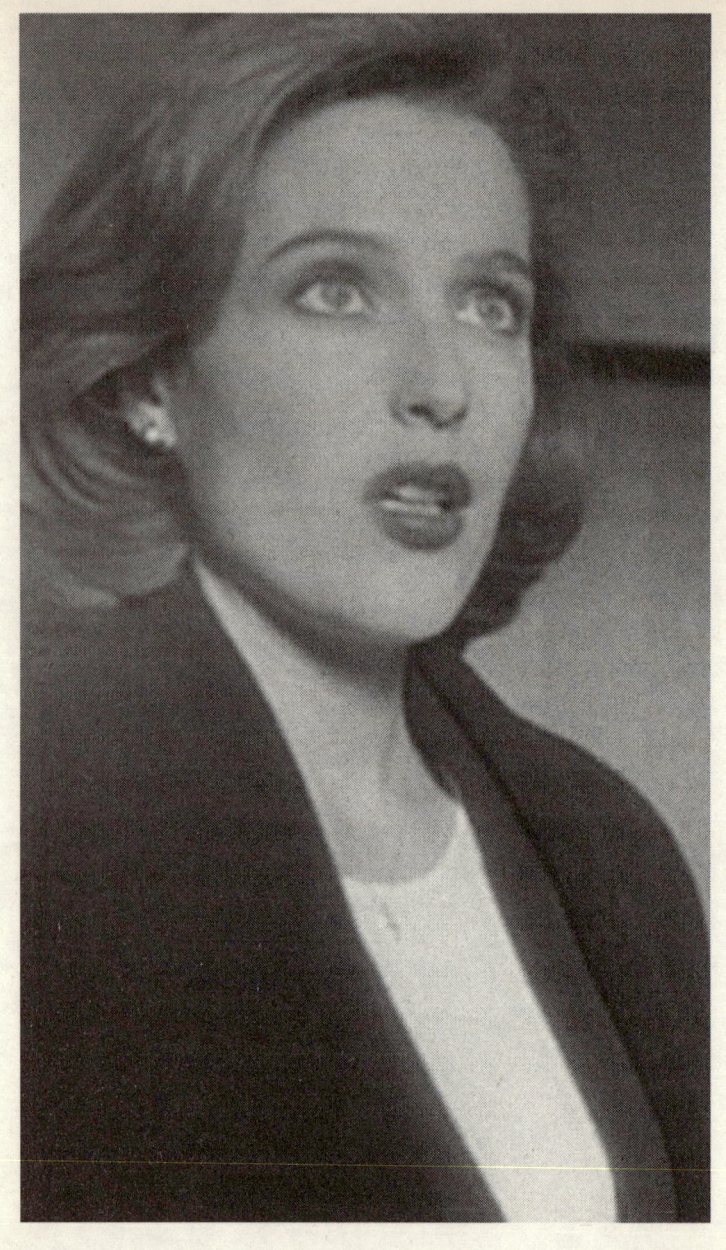

3

»Born to be wild«: Gillian – die Rebellin

Ihren Schulabschluß an der City High School von Grand Rapids, Michigan, erlangte Gillian Anderson im Jahre 1986. Wie ein Foto ihrer Abschlußklasse dokumentiert, war die Schauspielerin zu dieser Zeit die typische Vertreterin einer rebellischen Jugend, die sich gegen das Spießbürgertum und überkommene Werte auflehnte. Das verraten nicht nur Gillians damalige Punkfrisur und ihre zerschlissenen, aus einem Secondhand-Laden stammenden Klamotten, sondern vor allem der trotzig-herausfordernde Ausdruck in ihren Augen. Zurückblickend auf jene Tage, gesteht Gillian offen ein, daß ihr weiterer Lebensweg zunächst in eine Konfrontation mit dem Gesetz zu münden schien. »Schon auf der Schule spielte ich immer gerne den Clown und verbrachte mehr Zeit beim Nachsitzen als im eigentlichen Unterricht«, lacht der gefeierte Star heute über die damalige Trotzphase.

Möglicherweise einmal hinter den Gittern einer Gefängniszelle zu landen, war allerdings eine Situation, die Jahre zuvor das Vorstellungsvermögen der damals elfjährigen Gillian überfordert hätte, als sie 1979 an ihrem ersten Schultag in den Vereinigten Staaten mit lautem Herzklopfen vor den Toren der Fountain Elementary School stand. Dort war sie von ihren Eltern mit der gutgemeinten Ermunterung abgesetzt worden, daß schon

alles gutgehen werde und sie sich keine Sorgen zu machen brauche. Dennoch fühlte sich das unter seinem
Heimweh nach London leidende Kind ausgesprochen
unwohl, als es das Schulgelände betrat. Als das Klingeln
ertönte, riß sich die Kleine jedoch zusammen, verbarg
ihre innere Unsicherheit so gut wie möglich und suchte
erhobenen Hauptes den Weg zu ihrer neuen Klasse.

Fred Heimstra, Gillians damaliger Lehrer, erinnert sich:
»In ihrem ersten Jahr bei uns erwies sie sich in ihrem
Verhalten als ein völlig normales Kind. Verständlicherweise war sie anfangs noch etwas zurückhaltend, da sie ja
niemanden kannte und erst neue Freunde finden mußte. Es zeichnete sich jedoch rasch ab, daß ihre schulischen Leistungen überdurchschnittlich waren, vor allem
was die sprachlichen und musischen Fächer betraf. Und
schon in ihren jungen Jahren zeigte sie ernsthaftes Interesse an Schauspielerei und darstellender Kunst.« Nicht
nur in dieser Hinsicht habe sich gezeigt, daß Gillian – allem Anschein nach als Folge ihrer britischen Erziehung
– den anderen Kindern ihres Jahrgangs um Längen voraus war. »Wenn man mit ihr redete oder wenn sie etwas
von ihr Verfaßtes vorlas, spürten alle gleich, welch über-
legene Position sie in der Klasse einnahm. Jedes ihrer
Worte machte deutlich, daß sie aufgrund ihrer Jahre in
London nun einmal sehr viel mehr von der Welt gesehen
hatte als die anderen Kinder, die in den meisten Fällen
noch nie aus Grand Rapids herausgekommen waren. Gillian hatte allerdings ein sehr feines Gespür für die Stimmung in der Klasse und achtete darauf, nicht überheb-
lich zu wirken oder die anderen vor den Kopf zu stoßen.«

Ihre eigenen Erinnerungen lassen jedoch ein anderes Bild jener Zeit entstehen. »Für mich bedeuteten die ersten Monate in Grand Rapids eine riesige Umstellung. Es war eine ganz normale amerikanische Kleinstadt, aber für mich war das Leben dort vollkommen neu. Und was meine damaligen Mitschüler betrifft: viele von ihnen machten sich wegen meines britischen Akzents über mich lustig und trieben ihre groben Scherze mit mir. Nein, die meisten mochten mich nicht und wollten nichts mit mir zu tun haben. Deshalb vergrub ich mich in meine eigene kleine Welt, wenn ich mich nicht gerade wegen meiner ständigen Widerworte beim Direktor melden mußte …«

Zu dieser Zeit faßten Gillians Eltern den Entschluß, für weiteren Familienzuwachs zu sorgen. So erhielt die Erstgeborene in recht kurzer Folge einen Bruder und eine Schwester: Aaron und Zoe. Die Tatsache, daß das bisherige Einzelkind sich fortan nicht mehr der uneingeschränkten Aufmerksamkeit seiner Eltern erfreuen durfte, sondern diese mit ihren Geschwistern teilen mußte, tat ein übriges, um die sich vernachlässigt fühlende Gillian in die Arme der in Grand Rapids aufkeimenden Punk-Rock-Szene zu treiben.

»Als ich zwölf Jahre alt war, erlaubten mir meine Eltern, die Sommerferien in London zu verbringen«, erklärt Gillian Anderson. »Als ich dann in meiner alten Heimat eintraf, geriet ich mitten in diese Punk-Mode hinein und wurde völlig von ihr überrollt. Bei meiner Rückkehr nach Amerika hatte ich schließlich sogar den obligaten Ring im Nasenflügel. In der ersten Zeit mußte ich höllisch aufpassen, daß mein Vater mich immer nur von der anderen Seite sah, damit er das Ding nicht bemerkte. Das war vielleicht eine verrückte Zeit!«

Natürlich erwärmte sich das junge Mädchen in den Folgemonaten auch für die rüden Klänge solcher Bands wie *The Circle Jerks* oder *The Dead Kennedys*. Als nächsten Schritt scherte sie sich dann den Schädel kahl: bis auf einen indianischen Mohawk-Kamm, den sie violett färbte. Komplettiert wurde Gillians äußeres Erscheinungsbild durch einen Nasenring und schwarze Kleidung. Kurz und gut: Zu Beginn ihrer Pubertät war sie – nach Auffassung der älteren Generation – die idealtypische Vertreterin einer bejammernswert verkorksten und auf Abwege geratenen Jugend. »Vorher war ich immer das liebe, nette Mädchen von nebenan gewesen. Doch praktisch über Nacht mutierte ich zu einer Art Monster, das rote Haare hatte, sich in knallenge Miniröcke zwängte und mit jedem weiteren Tag immer ausgefallenere und provozierendere Kleidungsstücke trug.«

Es blieb jedoch keinesfalls bei der rein äußerlichen Veränderung. Auch das Verhalten und der Charakter Gillians waren einem tiefgreifenden Wandel unterzogen, was sich nicht zuletzt in einer spürbaren Verschlechterung ihrer schulischen Leistungen niederschlug. »Zu der Zeit, als ich auf die Junior High School wechselte, hatte ich wirklich nur noch lausige Noten«, gesteht der Star seufzend ein. »Ich war meist ausschließlich damit beschäftigt, mich entweder meinen Tagträumen hinzugeben oder irgendwelchen Blödsinn auszuhecken. Jedenfalls mußte ich mir andauernd bei unserem Direktor

Standpauken anhören, auch wenn es dabei eigentlich nur um Kleinigkeiten ging, wie zum Beispiel Schwatzen im Unterricht oder weil ich Rasiercreme in Schließfächer geschmiert oder Papierflieger geworfen hatte. All diese Albernheiten bereiteten mir damals halt ein höllisches Vergnügen. Doch gleichzeitig fühlte ich mich in meinem Innersten auch zutiefst verunsichert und kam mir oft ziemlich einsam und verlassen vor.«

Wohl vor allem deswegen versuchte das orientierunglos gewordene Mädchen wieder Boden unter die Füße zu bekommen, indem es sich Gleichgesinnten anschloß: Punkern, die sich gegen jede Form spießig-etablierter Lebensideale auflehnten und sich vor allem an ihrer Art von Musik zu berauschen versuchten. Obwohl sie ihrem Wesen nach eher schüchtern und zurückhaltend war, wurde Gillian in Grand Rapids schnell zum festen Bestandteil der zwar kleinen, aber ausgesprochen schrillen Punk-Rock-Szene, die treu auf den Spuren ihrer englischen Vorbilder wandelte. »Unsere Lieblingsbeschäftigung bestand darin, die Hauptstraße auf und ab zu gehen und dabei jedem, der uns wegen unserer äußeren Erscheinung schief ansah, den Stinkefinger zu zeigen«, erinnerte sich Gillian Anderson in einem 1996 gegebenen Interview, wobei sich ein verräterisches Zucken um ihre Mundwinkel abzeichnete. »Außerdem hörten wir uns Punk-Rock-Bands an und warfen uns dabei wild gegeneinander oder sprangen mit ekstatischen Verrenkungen von der Bühne. Damals galt es eben als cool, wenn man das Risiko einging, sich zu verletzen.«

Gillian Andersons wachsendes Bedürfnis, sich selbst Schmerz zuzufügen, äußerte sich zunächst in der Tatsache, daß sie – ungeachtet ihres jugendlichen Alters – eine mehr als nur flüchtige Bekanntschaft mit Alkohol und anderen Drogen machte. Die nächste einschneidende Station auf ihrer seelischen Achterbahnfahrt wird durch das Jahr 1981 markiert, in dem sie als Dreizehnjährige durch einen ihrer Punker-Freunde ihre Jungfräulichkeit verlor. Auch fünfzehn Jahre später ist der Schauspielerin noch immer deutlich das Unbehagen anzumerken, das sie bei dem Gedanken an die damaligen Geschehnisse befällt. Sie gibt vor, sich nicht an den Namen des betreffenden Jungen erinnern zu können, und deutet lediglich an, daß er »ein Punker gewesen ist, der dann irgendwie neonazistisch abdriftete«. Gillian gesteht offen ein, daß ihr erstes sexuelles Abenteuer alles andere als ein angenehmes Erlebnis für sie war. »Das Ganze war zutiefst peinlich, unreif und dumm. Es hatte wirklich nichts mit Romantik zu tun und war keinesfalls ein unvergeßliches Erlebnis. Aber wie hätte es das auch mit dreizehn sein können?«

Als sie ein Jahr später zur City High School wechselte, hatte sie jedoch ein – angesichts der äußeren Umstände – akzeptables Versetzungszeugnis in der Tasche und schien ein wahrhaft überdurchschnittliches Interesse für Meeresbiologie zu entwickeln. Catherine Dreher, eine von Gillians ehemaligen Mitschülerinnen, erinnert sich: »Als sie mir zum erstenmal in der Eingangshalle begegnete, wirkte sie ziemlich einschüchternd auf mich. Zumindest vermittelte sie den Eindruck, sehr selbstbewußt und unnahbar zu sein. Man kam einfach nicht an sie heran, und man traute sich auch gar nicht erst, sie überhaupt anzusprechen.«

Eine andere Mitschülerin an der High School bestätigt diesen Eindruck und beschreibt die damals Vierzehnjährige als eine Mischung aus Madonna und Johnny Rotten. »Sie hatte wirklich eine starke Ausstrahlung, das muß man ihr lassen. Und obwohl sie alles andere als groß war, hätte ich nie gewagt, mich mit ihr auf irgendwelche Handgreiflichkeiten einzulassen. Dazu kam noch, daß sie sich wegen ihres britischen Akzents wie ein waschechter Punk anhörte. Und sie sagte jedem unverblümt ins Gesicht, was sie von ihm hielt, ohne sich um die Konsequenzen zu scheren. Sie war eine echte Rebellin.«

Zu diesem Image trug bei, daß Gillian sich trotz der frustrierenden Ernüchterung, die ihre erste Nacht mit einem Jungen für sie bedeutet hatte, fortan in eine ganze Reihe von Abenteuern stürzte. Dabei setzte sich der Trend fort, daß sie meist wesentlich ältere Männer bevorzugte und Sex eher als animalische Lustbefriedigung und weniger als zärtliche Zweisamkeit betrachtete. Schon im Alter von vierzehn Jahren ging sie unter diesen Vorzeichen eine länger anhaltende Beziehung zu einem vierundzwanzigjährigen Punker ein. Wenn die beiden sich nicht im Haus von Gillians Eltern aufhielten, trieben sie sich meist bei Freunden herum, um dort die Nacht auf dem Fußboden zu verbringen. »Er spielte in einer Band und lebte von der Hand in den Mund. Deswegen mußte ich immer zu Hause Lebensmittel und

Kleingeld für ihn mausen, damit er sich Zigaretten und ein paar Drinks leisten konnte.«

Äußerlich war Gillian nach wie vor das trotzige und frühreife Früchtchen, das sie bereits bei ihrer Ankunft in Grand Rapids gewesen war und das eher auf der Suche nach ständigen Konfrontationen als nach intimen Freundschaften zu sein schien. Diesen Eindruck bestätigte die Schauspielerin in einem 1996 gegebenen Interview, in dem sie in einem schmerzlichen Rückblick gestand, daß der zwiespältige Reiz ihres damaligen exzessiven Lebensstils nicht zuletzt darin bestanden habe, wissentlich gegen moralische Normen und auch gegen das Gesetz zu verstoßen. »Ich genoß meine Punker-Rolle, weil ich mich damals dreckig, abgerissen und wütend fühlte. Tja, ich konnte mich damals selbst nicht ausstehen.«

Der in diesem Zitat offenbarte Ekel vor sich selbst äußerte sich zu jener Zeit in extremen Schwankungen ihres körperlichen und psychischen Befindens. So gab es oftmals Phasen, in denen das ungesund wirkende Mädchen übergangslos zwischen deutlich erkennbarem Übergewicht und ebenso eindeutiger Unterernährung hin und her pendelte. Auf die diesbezügliche Frage eines Reporters, ob sie damals unter Bulimie gelitten habe, winkte Gillian nur ab und stellte klar, daß sie nicht bereit sei, dieses Thema zu vertiefen.

Unter dem Einfluß der – so Gillian Anderson – »gottlosen Clique«, in der sie ihre Zeit verbrachte, bevorzugte sie hinsichtlich ihrer Kleidung auch weiterhin Schwarz als Lieblingsfarbe: eine Farbe, die auch den trüben Zustand ihres in sich gekehrten und innerlich zerrissenen Wesens spiegelte. Zugleich aber diente Gillian ihr gezielt auffällig und abstoßend gestyltes Äußeres dazu, ihre eigene Orientierungslosigkeit und ihre oft widersprüchlichen Empfindungen in den Griff zu bekommen.

»Jahrelang kam es mir überhaupt nicht in den Sinn, daß ich ein attraktives Mädchen sein könnte«, setzt die Schauspielerin zu einer Erklärung an. »Aber als ich mir meinen Schädel kahlrasierte und mich anders anzog, stellte ich plötzlich fest, daß es ganz in meiner Macht lag, welches Bild die anderen von mir erhielten. Das war eine sehr aggressive Phase in meinem Leben, aber das war genau das, was ich damals brauchte. Ich glaube, ich bin dadurch sehr unabhängig und stark geworden. Ich trug schwarze Klamotten und Kampfstiefel, hatte diese unendlich hoch abstehenden Haare, aber trotzdem fühlten sich die Leute zu mir hingezogen. Irgendwie schien das alles also zu funktionieren – auch wenn mir in lichten Momenten klar war, daß ich mich bloß hinter diesem Image versteckte.«

In dieser Phase, die in eine Sackgasse zu münden drohte und die viele der damaligen Zeitzeugen als die finsterste Periode im Leben der Schülerin Gillian Anderson bezeichnen, kam der TV-Star mit der Schauspielerei in Kontakt. Zwar hat sie bis zum heutigen Tage noch nicht preisgegeben, was sie bereits damals an der High School an der Schauspielerei faszinierte; dessenungeachtet hat sie jedoch sehr deutlich zum Ausdruck gebracht, welche Bedeutung sie diesem ersten Kontakt heute beimißt: »Ich bin mir sicher, daß die Schauspielerei der entscheidende Impuls für mich war, um von der schiefen Bahn, auf die ich geraten war, abzuspringen. Denn plötzlich sah ich eine andere, bessere Möglichkeit, meinen verborgenen Gefühlen, Sehnsüchten und Ängsten Ausdruck zu verleihen.«

Gillian Andersons Karriereauftakt auf den Brettern, die bekanntlich die Welt bedeuten, gestaltete sich zunächst jedoch äußerst bescheiden. Als Oberstufenschülerin trat sie zum ersten Mal in dem alten Kriminalkomödienklassiker *Arsen und Spitzenhäubchen* in der Rolle des zweiten Polizeibeamten auf. Ebenfalls eine Produktion des schulischen Drama-Workshops war *The Zoo Story:* bezeichnenderweise ein Stück über die (Un-) Kontrollierbarkeit menschlicher Gefühle, in dem Gillian nun bereits eine der Hauptrollen spielte – und zwar mit großem Erfolg, wie Catherine Dreher, eine ehemalige Schülerin der City High School, bestätigt. »Ich war absolut begeistert, wie glaubhaft sie diese innerlich zerrissene Figur verkörperte. Gillian war auf der Bühne einfach nicht wiederzuerkennen. Es schien, als sehe man plötzlich einen ganz anderen Menschen vor sich. Keinem der Zuschauer konnte entgehen, welches unglaubliche Talent sie hatte.«

Von ihrem Erstlingserfolg ermutigt, bewarb sich Gillian bei dem nahegelegenen städtischen Theater. Paul Dreher, der noch heute das Grand Rapids Civic Theatre leitet, verzieht sein Gesicht unwillkürlich zu einem Grinsen, als er sich vergegenwärtigt, wie die damals Siebzehnjährige in sein Büro hereinschneite und ihn darum bat, ihr einen Job zu geben. »Dieses Musterexemplar einer Punkerin verschlug mir regelrecht die Sprache: ihr rotgefärbtes Haar, das viel zu starke Augen-Make-up, ihr schwarzer Lippenstift, der Ring durch die Nase und die furchtbare schwarze Kluft, die sie trug. Außerdem wirkte sie keinesfalls höflich, sondern eher verstockt und bockig. Offensichtlich hatte sie nicht allzuviel für mich übrig.«

Dennoch bot er ihr einen Job an, und so arbeitete Gillian etwa ein Jahr lang in Drehers Vorzimmer, wo sie die eingehenden Telefonate entgegennahm und die Post erledigte. Entgegen aller Skepsis erwies sich Gillian in dieser Zeit als zuverlässige und stets pünktliche Mitarbeiterin, auch wenn sie oft über die nervtötende Monotonie ihrer Tätigkeit klagte. Ebenso blieben die ständigen Sticheleien, die sie von Drehers Stellvertreter wegen ihres Äußeren erdulden mußte, völlig wirkungslos. »Sie schien offensichtlich bereit, alles zu erdulden, nur um irgendwann eine Chance auf der Bühne zu erhalten«, faßt Dreher seinen damaligen Eindruck zusammen.

Gillian erinnert sich, schließlich nach mehrmaligem Vorsprechen eine Rolle bekommen zu haben; der Titel des Stücks ist ihr allerdings entfallen. »Ich weiß nur noch, daß ich unglaublich glücklich war, als ich die Rolle spielen durfte. Denn irgendwie hatte ich das Gefühl, den für mich richtigen Platz in der Welt gefunden zu haben.«

Dreher bestätigt diese Darstellung nur insofern, daß Gillian tatsächlich noch während ihrer Tätigkeit als Bürokraft bei ihm zum Vorsprechen erschien, um sich für die Rolle der Emily in dem Stück *Unsere kleine Stadt* zu bewerben – setzt allerdings hinzu, daß es ein wahres

Desaster war! »Gillian hätte durchaus das Zeug dazu gehabt, die Rolle auszufüllen. Aber sie bestand darauf, in ihrer üblichen Punker-Kluft vorsprechen zu dürfen. Ich muß wohl nicht erklären, daß sie dabei keinen besonders guten Eindruck machte. Ich weiß nicht mehr, was ich ihr damals sagte, aber ich erinnere mich noch sehr gut daran, was ich dachte: ›Mädchen, wenn du wirklich jemals als Schauspielerin arbeiten willst, dann solltest du dich darum bemühen, weniger dich selbst zu spielen als vielmehr die Person, die du verkörpern sollst!‹ Jedenfalls bekam sie die Rolle *nicht,* was sie mir vermutlich bis heute nicht vergeben hat, denn sie war damals völlig außer sich vor Wut, als sie meine Entscheidung erfuhr. Und sie ist auch nie wieder zum Vorsprechen bei mir erschienen.«

Dafür stand Gillian einige Zeit später zum ersten Mal in ihrem Leben vor einer Filmkamera – wenn auch nur im Rahmen eines von der Schule organisierten Filmprojekts, das von Mike Kuhn, einem Oberstufenschüler, geleitet wurde. Beide hatten sich zuvor nur bei einigen Konzerten gesehen, da Kuhns New-Wave-Band *Swampuggi* von Zeit zu Zeit gemeinsam mit der Punk-Band *White Room,* in der Gillians Freund mitspielte, auftrat. Mike Kuhn charakterisiert die damalige »Szene« in Grand Rapids als »zahlenmäßig sehr begrenzt und zudem ausgesprochen provinziell«. Die zu jener Zeit siebzehnjährige Gillian Anderson habe allerdings »den Teufel im Leib gehabt. Deswegen dachte ich an sie, als ich 1985 ein paar Schauspieler für dieses Filmprojekt suchte. Außerdem war mir durch Freunde zu Ohren gekommen, daß sie schon beim Stadttheater schauspielerische Erfahrungen gesammelt hatte. Also traf ich mich mit ihr und drückte ihr das Drehbuch in die Hand. Sie las das Ganze durch und erklärte sich daraufhin bereit, mitzumachen.«

Mike Kuhns erster Eindruck von Gillian war ausgesprochen positiv. »Auf den ersten Blick sah man, daß sie viel reifer und abgeklärter als ihre Altersgenossen war. Und sie war helle genug, um wirklich den Durchblick zu haben, was um sie herum und in der Welt geschah. Vor allem aber war ich von ihrer Direktheit und ihrem Draufgängertum hingerissen.«

In Kuhns von ihm heute selbst belächelten Streifen – mit dem Titel *Three at Once* – geht es um drei Schauspieler, die sich auf einer Party treffen und dort über ihre Zukunftshoffnungen und -ängste reden. Mit Ausnahme einiger Szenen, in denen die Beteiligten Charaden aufführen, besteht die Handlung des achtminütigen Schwarzweißfilms, der innerhalb von drei Tagen in einem örtlichen Café gedreht wurde, zumeist nur aus Dialogpassagen. »Ich muß zugeben, daß meine Idee zu diesem Film ziemlich unausgegoren war. Nichtsdestotrotz wurde mir während der Dreharbeiten klar, daß Gillian den von ihr verkörperten Charakter genau so darstellte, wie es meinen zunächst nur vagen Vorstellungen entsprach.«

Der Streifen wurde 1986 im Rahmen einer Filmwoche in Grand Rapids gezeigt und tauchte 1996 noch einmal auf einem Festival in Seattle auf. »Als Gillian den Film damals zum ersten Mal sah, bestand ihr einziger

Kommentar darin, daß ich im Nachspann den Namen ihrer Schwester – die hinter der Kamera an den Dreharbeiten beteiligt gewesen war – falsch geschrieben hätte«,
resümiert Kuhn. »Sonst verlor sie kein Wort über das
Ganze.«

Gillians letztes Jahr auf der High School stand – wie
schon die Zeit zuvor – unter dem Vorzeichen exzessiver
Punk- und Alkoholorgien. Dennoch gelang es ihr auf rätselhafte Weise, überdurchschnittliche Zeugnisnoten und
damit den Schulabschluß zu erlangen. Aber nach dem
Höhepunkt des Tages, der Zeugnisvergabe, erreichte sie
in der darauffolgenden Nacht auch gleich den Tiefpunkt
ihres bisherigen Lebens.

Als nämlich Gillian und ihre Clique nach einem Stunden währenden Gelage »schließlich völlig betrunken«
waren, kam man auf die Idee, auf das Schulgelände
zurückzukehren, um dort alles kurz und klein zu schlagen. Doch bereits kurz nachdem sie wie Vandalen in das
Schulgebäude eingefallen waren, wurden sie von der Polizei auf frischer Tat geschnappt. »Es war eine schreckliche Situation«, stöhnt Gillian Anderson noch heute bei
dem Gedanken an das damalige Geschehen. »Ich wurde
festgenommen und in eine Gefängniszelle gesperrt. Ich
durfte zwar meinen Freund anrufen, damit er kommen
und mich auslösen konnte. Aber all das dauerte eine
ganze Weile, so daß ich dort mehrere Stunden ausharren
mußte.«

Ihr Freund hatte zwar den ersten Teil des Abends gemeinsam mit ihr verbracht, sich später jedoch zurückgezogen, als sich bereits abzeichnete, daß die Situation eskalieren würde. Nachdem es ihm schließlich gelungen war, das für die Kaution nötige Geld aufzutreiben, stieß er im Gefängnis auf eine Gillian, die regungslos durch die Gitterstäbe starrte und deren einzige Reue sich darauf bezog, daß sie sich hatte erwischen lassen.

In den folgenden Wochen und Monaten wurden in dem kleinen Ort von jedermann Wetten darüber abgeschlossen, in welcher Form Gillian Anderson wohl von einem zweifellos trübseligen Schicksal ereilt werden würde. Sollten ihr Drogen und Alkohol zum Verhängnis werden, oder würde ihre Jugend durch eine frühe Mutterschaft ein abruptes Ende finden? Doch ungeachtet der Unkenrufe, die von allen Seiten erschallten, prophezeiten einige Mutige, daß Gillian durch ihre Faszination von der Schauspielerei zu sich selbst und damit zurück auf den rechten Weg finden würde. Zumindest für diese Gruppe kam daher die Nachricht nicht allzu überraschend, daß Gillian sich für das bevorstehende Wintersemester an der renommierten Goodman-Schauspielschule beworben hatte, die auf dem Campus der Chicagoer De-Paul-Universität angesiedelt war.

An eben diesem Ort machte sich eines Morgens mit leichter Verspätung Professor Ric Murphy auf den Weg, um den letzten Schwung von insgesamt circa achthundert Kandidaten vorsprechen zu lassen, deren gemeinsames Ziel darin bestand, für die nächsten vier Jahre in das von ihm geleitete Schauspielseminar aufgenommen zu werden.

Zunächst verlief alles so, wie Murphy es erwartet hatte. Nacheinander präsentierten mehr oder weniger durchschnittlich gekleidete junge Frauen und Männer Passagen aus mehr oder weniger berühmten oder auch obskuren Texten. Als versierter Routinier machte sich Murphy bei jedem Kandidaten rasch Notizen in eine Kladde und fällte sein Urteil bereits nach jeweils dreißig Sekunden Vortragszeit. Irgendwann im Verlauf dieses Vormittags fiel sein Blick schließlich auf einen weiteren ihm unbekannten Namen auf seiner Liste: »Gillian Anderson!« Als die Aufgerufene sich von ihrem Platz erhob, um nach vorn auf die Bühne zu kommen, blieb Murphys Mund vor Verwunderung offenstehen.

»Sie trug einen äußerst ungewöhnlichen, aquamarinfarbenen Overall«, erinnert sich der Schauspielprofessor lachend. »Ich war so überrascht, daß ich sie einfach nur anstarrte. Ich hatte nicht die geringste Ahnung, wen ich da eigentlich vor mir hatte und was ich von ihr erwarten durfte.«

Wie alle ihre Vorgänger auch, schlug Gillian die Seiten ihrer ersten von insgesamt zwei Leseproben auf und begann den Text zu rezitieren. Neben Murphy, der hastig seine Notizen niederkritzelte, bemerkten auch alle anderen Anwesenden die Spannung, die plötzlich in der Luft lag, als die extravagant gekleidete, junge Frau zu gleichen Teilen normale Dialogpartien und hochdramatische Passagen vortrug. »Von ihr ging eine beinahe atemlos wirkende Intensität aus, die einen einfach nicht unbeeindruckt lassen konnte«, erklärt der Professor. »Während ihres Vortrages hatte ich zum ersten Mal seit sehr langer Zeit das Gefühl, etwas für mich wirklich Neues zu erleben.«

Gillian Anderson gehörte schließlich zu dem erlauchten Kreis derer, die an dem Seminar teilnehmen durften. Aber auch wenn sie inzwischen den Mohawk-Kamm, ihren Nasenring und einige weitere Symbole ihrer bewegten Jugend hinter sich gelassen hatte, so bedeutete dieser Bruch mit ihrer High-School-Zeit noch lange nicht, daß sie fortan mit sich im reinen war.

Sobald sie die Bühne verließ, blieb Gillian noch immer in sich gekehrt, war aber inzwischen auch in der Wahl ihrer Liebhaber etwas zurückhaltender. Allerdings war sie nach eigenem, zögerlichen Bekunden in dieser Hinsicht keineswegs ein Kind von Traurigkeit. »Ich glaube, ich fühlte mich damals beinahe dazu verpflichtet, mit jedem ins Bett zu gehen, der mich sympathisch fand. Ich kam gar nicht auf die Idee, daß ich auch nein sagen und über mich selbst bestimmen konnte. Ich glaube nicht, daß ich damals wirklich Spaß am Sex hatte.«

Im Verlauf desselben, 1996 gegebenen Interviews gab die Schauspielerin hinsichtlich eines anderen Themas nur ausweichende Antworten – und zwar zum Thema Alkohol. »Ich hatte eine fatale Schwäche für Alkohol«, seufzte sie. »Wenn ich etwas getrunken hatte, fühlte ich mich plötzlich stark, selbstbewußt und auch sexy.«

Vor diesem Hintergrund erwies sich die Beschäftigung mit der Schauspielkunst als das rettende Licht am Ende des Tunnels. Schritt für Schritt stabilisierte sich Gillians von Depressionen und Selbstzweifeln zerrüttetes Wesen, was sich nicht zuletzt auch in ihrem äußeren

Erscheinungsbild positiv niederschlug. Zudem kam es zu einer regelrechten Leistungsexplosion auf der Bühne.

»Offensichtlich befreite mich die Schauspielerei von all den Zwängen und Belastungen, unter denen ich litt«, urteilt Gillian rückblickend. »Auf der Bühne in verschiedene Rollen schlüpfen zu können, bedeutete für mich so etwas wie ein Ventil, durch das ich den Druck, der sich in meinem Inneren aufgestaut hatte, ablassen konnte.«

Die ersten beiden Jahre an der Goodman-Schule bestanden in erster Linie im Erlernen von Improvisationstechniken und im Studium einzelner Szenen. Gerade auf diesen beiden Gebieten brillierte Gillian, wie Professor Murphy erzählt. »Bald bestätigte sich mein Ersteindruck, daß Gillian immer für eine Überraschung gut war, sobald sie die Bühne betrat und einen Charakter darstellte. Und sie verfügte über eine wirklich sehr genaue Beobachtungsgabe. Ich erinnere mich noch gut daran, wie sie und ihre Kommilitonen während des ersten Semesters die Aufgabe erhielten, in die Stadt auszuschwärmen, irgend jemanden bei seiner Arbeit zu studieren und anschließend auf der Bühne zu imitieren. Gillian wählte sich eine Kellnerin aus und bot eine ausgesprochen überzeugende Darbietung, vor allem was Mimik, typische Bewegungsabläufe und einzelne Handbewegungen anging. Kurz und gut: Mir wurde sehr früh klar, daß sie eine ausgesprochen talentierte Schülerin war.«

Ihrem unübersehbaren Talent hatte Gillian es zu verdanken, daß sie – obwohl sie erst Anfängerin war – bereits früh dankbare Rollen in verschiedenen ernsthaften Stücken, aber auch in Komödien spielen durfte. So wirkte sie zum Beispiel mit in *A Flea in Her Ear, Serious Money, Last Summer at Bluefish Cove, Romeo und Julia* und *In a Northern Landscape.* »Es war wirklich ein Erlebnis, sie auf der Bühne zu erleben«, kommentiert Murphy. »Und sie konnte ausgesprochen komisch sein, wie sie besonders in *A Flea in Her Ear* bewies. In diesem Stück spielte Gillian ein Hausmädchen: eigentlich eine Rolle von nur untergeordneter Bedeutung. Aber es gelang ihr auf hinreißende Weise, den von ihr verkörperten Charakter so exzentrisch und skurril darzustellen, daß diese Neben- zu einer der Hauptfiguren wurde.«

Die derart Gelobte bestätigt die Einschätzung ihres früheren Lehrers: »Bis zu meiner Rolle in *A Flea in Her Ear* hatte ich eigentlich immer nur ernste Charaktere gespielt. Deshalb war es für mich besonders wichtig, auch einmal mein komödiantisches Talent entfalten und vor Publikum unter Beweis stellen zu dürfen.«

Doch trotz der positiven Kritiken in der Lokalpresse und der ständigen Ermutigungen durch Murphy und andere Ausbilder der Schauspielschule wurde Gillian nach wie vor von großer Skepsis und von nagenden Selbstzweifeln geplagt. »All ihre Äußerungen verrieten, daß sie nicht ernsthaft daran glaubte, jemals als Schauspielerin ein Engagement zu bekommen«, erklärt Professor Murphy. »Und ihre Mutlosigkeit trat immer deutlicher zutage, je näher das Ende ihrer Studienzeit heranrückte. Ich hatte niemals Zweifel daran gehegt, daß sie ihren Weg machen würde. Aber Gillian glaubte nicht an sich und machte auch gar keinen Hehl daraus.«

Dessenungeachtet sprachen sich ihre schauspielerischen Fähigkeiten auch außerhalb der Universität rasch herum, so daß Agenten diverser Schauspielagenturen auf sie aufmerksam und zu ständigen Besuchern der einzelnen Inszenierungen wurden, in denen sie mitwirkte. Schließlich wurde Gillian bereits während ihres letzten Semesters an der Schauspielschule von der renommierten William-Morris-Agentur unter Vertrag genommen. Die Vorzeichen für ihre berufliche Zukunft standen also keineswegs schlecht.

Dieselbe Feststellung traf auch für Gillians Privatleben zu, denn langsam, aber sicher gelang es ihr nun auch, ihr Alkoholproblem in den Griff zu bekommen. Gemäß ihrer extremen Lebensmaxime »Alles oder nichts« beschloß sie eine Woche vor ihrem einundzwanzigsten Geburtstag, von heute auf morgen keinen Tropfen Alkohol mehr zu trinken. »Ich war an einem Punkt angekommen, an dem ich das Gefühl hatte, daß es so nicht weitergehen könne«, erläutert Gillian Anderson ihre damalige Entscheidung, über Nacht einen Schlußstrich unter dieses Kapitel ihres Lebens zu ziehen. »Schlagartig wurde mir klar, daß es ein böses Ende mit mir nehmen würde, wenn ich nicht sofort etwas unternahm.«

Ebenso wichtig für ihre weitere Entwicklung war Gillians Erkenntnis, daß Sex mehr als nur animalische Triebbefriedigung sein kann. »Lange Zeit war Sex für mich nur so etwas wie eine mechanische Gewohnheit gewesen, aber nichts, was dazu dienen kann, sich selbst frei zu entfalten und Spaß zu haben. Doch plötzlich fiel bei mir der Groschen, und ich merkte: ›Hey! Das kann ja richtig Spaß machen!‹«

Im Verlauf ihres dritten Semesters trat Gillian im Frühjahr 1988 für den Experimentalfilm *A Matter of Choice*
zum zweiten Mal in ihrem Leben vor eine Kamera.
Durch einen Freund hatte sie die Bekanntschaft eines
Chicagoer Filmemachers namens William Davis gemacht. Davis – der sich als Lokalmatador auf dem Gebiet avantgardistischer Produktionen mit Werken wie
Pornography Is a Fucking Lie oder *Look Dick Look, See
Jane Burn* einen Namen gemacht hatte – fand schnell
heraus, daß er in Gillian eine Gleichgesinnte gefunden
hatte, was beider Auffassung von Theater, Film und
guten Drehbüchern betraf.

Nachdem Davis bei ersten Unterhaltungen mit Gillian neugierig geworden war, wurde er zu einem regel-
mäßigen Theatergänger, der viele ihrer Auftritte interessiert verfolgte. Es dauerte nicht lange, bis er zu dem
Schluß gelangte, daß diese Anfängerin über ein unglaubliches Talent verfügte und schon jetzt eine bessere
Schauspielerin war als alle anderen, mit denen er zuvor
zusammengearbeitet hatte. Daraufhin entwickelte Davis
den Ehrgeiz, eine geeignete Möglichkeit zu finden, um
Gillians Gaben zu voller Entfaltung zu bringen. Zuerst
brütete er über der Idee zu einem Film, der in einer
Küche spielen sollte. Aber da er keinen geeigneten Drehort finden konnte, ließ er den ursprünglichen Plan fallen
und visierte ein ganz anders gelagertes Projekt an. Er –
der seit jeher in seinen Filmen feministische Positionen
vertrat – entschloß sich dazu, ein Thema aufzugreifen,
das im Wahljahr 1988 ein wahrhaft heißes Eisen war und
allseits die Gemüter erhitzte: das Thema Abtreibung.

Davis konzipierte *A Matter of Choice* als fünfminütigen und in Schwarzweiß gedrehten Kurzfilm. Zunächst wird in einer langen Kameraeinstellung eine Frau gezeigt, die eine enge Gasse betritt, um dort eine Abtreibung vornehmen zu lassen. Als sie vor einer Tür stehenbleibt, auf der ein Schild mit einem Kleiderbügel zu sehen ist, wirft sie einen Blick auf ihre Armbanduhr und stellt fest, daß sie fünf Minuten zu früh ist. Der Rest des Films besteht aus verschiedenen Einstellungen, die das Aufundabgehen der Frau und Nahaufnahmen ihres Gesichts zeigen. Schließlich ringt sich die Frau nach innerem Kampf dazu durch, die Tür zu öffnen und den dahinter liegenden Raum zu betreten.

Die zentrale Aufgabe der Schauspielerin, die diese Rolle übernahm, bestand gemäß Davis' Vorstellung darin, ihre innere Anspannung nur durch Mimik und Gestik zum Ausdruck zu bringen, ohne dabei allerdings in melodramatische Übertreibungen zu verfallen. Eine solche Gratwanderung zwischen Kitsch und subtiler Darstellungskunst – davon war der Filmemacher überzeugt – konnte, wenn überhaupt, nur Gillian Anderson gelingen. Also wählte Davis an einem Vormittag, der ihm für die Dreharbeiten geeignet schien, Gillians Nummer und fragte an, ob sie Zeit und Lust hätte, ihn nachmittags in der Nähe der Wabash Avenue zu treffen. Sie stimmte zu.

Als sie wenige Stunden später am vereinbarten Treffpunkt erschien, bemerkte sie, daß Davis einen Kameramann mitgebracht hatte. Ohne zu ahnen, was das Ganze zu bedeuten hatte, trat sie halb amüsiert, halb neugierig näher und ließ sich von Davis erklären, was er mit ihr vorhatte. Da der Filmemacher erwartet hatte, daß Gillian ihn zunächst mit einer Fülle von Fragen überschütten würde, nahm er ausgesprochen erstaunt zur Kenntnis, daß sich seine Darstellerin nach intensivem Zuhören lediglich einen Moment Vorbereitungszeit erbat. Dreißig Sekunden später trat Gillian vor die Kamera.

Innerhalb von zwei Stunden waren die Dreharbeiten beendet, und Davis war mit dem Ergebnis mehr als zufrieden. Er zeigte sich so sehr von Gillians schauspielerischer Leistung begeistert, daß er während einer Pause – in der der Kamerastandort verändert wurde – seine Überzeugung äußerte, sie habe wohl schon des öfteren vor der Kamera gestanden. Auf Gillians Antwort, daß dies keineswegs der Fall war, reagierte er mit großer Verblüffung und betonte, daß sie dafür ihre Sache geradezu unglaublich gut mache.

Eine Woche später konnte sich Gillian Anderson die geschnittene Endfassung anschauen, von der sie sich recht angetan zeigte. Auch wenn das Thema des Films sie nicht sonderlich bewegte, so freute sie sich doch über die künstlerische Qualität der Produktion.

Kurz bevor Gillian Anderson im darauffolgenden Jahr ihr Abschlußdiplom an der Schauspielschule bekam, tauchten erste Gerüchte auf, daß sie eine kleine Rolle in der Fernsehproduktion *Home Fires Burning* erhalten habe. Um die Dinge gleich klarzustellen: All diese Behauptungen sind falsch.

Woher dieses Gerücht stammt, läßt sich nicht genau sagen. Fest steht nur, daß 1992 in einem New Yorker Magazin eine Rezension zu dem Film *The Turning* erschien (in dem Gillian Anderson tatsächlich mitspielte), irreführenderweise aber mit *Home Fires Burning* übertitelt war. Seither wurde dieser Fehler in einer Vielzahl von Veröffentlichungen über Gillian Anderson übernommen. Doch Glenn Jordan, der Regisseur von *Home Fires Burning*, bestätigt eindeutig, daß Gillian nicht in seinem Film mitgewirkt habe. Um in dieser Sache sicherzugehen, bemühte sich Jordan sogar, die damalige Besetzungsliste hervorzukramen und so nachzuweisen, daß er sich keinesfalls täusche.

Auch wenn sich das damalige Gerücht über Gillians vermeintlichen ersten Fernsehauftritt als Falschmeldung erwies, so hatte sie dennoch allen Grund, mit sich und der Welt zufrieden zu sein und optimistisch in die Zukunft zu blicken. Sie hatte nicht nur schwere persönliche Krisen erfolgreich hinter sich gebracht, sondern auch ein glänzendes Abschlußzeugnis in der Tasche und wurde zudem von einer der angesehensten Künstleragenturen an der amerikanischen Ostküste betreut. Plötzlich schien es also gar nicht mehr so unwahrscheinlich, daß sie eines Tages in der Lage sein würde, ihren Lebensunterhalt als Schauspielerin selbst bestreiten zu können.

Also folgte sie der Empfehlung ihrer Agentur, schnellstmöglich nach New York zu gehen, und packte eines Abends ihren VW-Käfer so voll, daß sie »nach hinten absolut nichts mehr sehen konnte. Ich hatte mir nun einmal vorgenommen, an genau diesem Tag aufzubrechen. Aber ich brauchte länger, als ich angenommen hatte, um meine Sachen zusammenzusuchen und im Auto

zu verstauen. Deshalb brach ich erst gegen dreiund-
zwanzig Uhr auf, und ich wurde bald so müde, daß ich
erst einmal am Straßenrand anhalten mußte, um dort
eine Weile zu schlafen. Weil das Auto aber so vollgepackt
war, blieb mir nichts anderes übrig, als mich wie ein
Fötus ganz klein zusammenzurollen.«

4

»New York, New York«: Gillian auf den Brettern, die die Welt bedeuten

In New York ist es scheinbar immer unangenehm kalt. Selbst wenn der Winter vorüber ist und sich der letzte Schnee verzogen hat, kann man sicher sein, daß eine steife Brise oder ein plötzlicher Regenschauer die Temperaturen in den Keller fallen lassen. Doch an dem Morgen, an dem Gillian nach New York kam, war das Wetter wider Erwarten recht freundlich gestimmt, und sogar die Sonne blinzelte – wenn auch noch etwas zögerlich – zwischen den dichten Wolkenbergen hindurch. Die Menschen ließen ihre Mäntel zu Hause und rollten die Hemdsärmel auf, um die wohltuende Wärme zu genießen.

New York zeigte sich also von seiner allerbesten Seite, um Gillian Anderson, die gerade ihren Wagen vor einem Apartmentgebäude im Künstlerviertel Greenwich Village parkte, willkommen zu heißen. Als sie zurücksetzte, drohten ihre auf der Rücksitzbank bis unter das Wagendach aufgetürmten Habseligkeiten das ganze Fahrzeug zu überfluten. Neben ihr auf dem Beifahrersitz lag eine ausgebreitete Zeitung, zuoberst die Seite mit den Wohnungsinseraten. In der Spalte »Zu vermieten« waren mehrere Offerten eingekreist; eine davon war bereits durchgestrichen. Gillian blickte sich zunächst suchend um, stieg dann aus ihrem Käfer aus und strebte die Eingangstreppe des Gebäudes hinauf. Es dauerte nicht allzu lange, bis sie wieder auf die Straße zurückkehrte. Ihre neue Wohnung war zwar nicht gerade luxuriös, aber der Anfang war erst einmal gemacht!

»Ich liebte New York von Anfang an«, beschreibt die Schauspielerin rückblickend ihren ersten Tag in der Ostküstenmetropole, »und ich schwor mir damals, nie wieder von dort wegzugehen.«

Gillian verlor wirklich keine Zeit, sondern stürzte sich sofort in den nervenaufreibenden Überlebenskampf einer jungen Nachwuchsschauspielerin, die auf der Suche nach einem ersten Engagement von einem Vorsprechtermin an einem zweit- oder drittklassigen Theater zum nächsten hetzt. Sofern ihr am Monatsende nach Bezahlung der Miete ein bißchen Geld übrigblieb, was selten genug der Fall war, ging sie gewöhnlich als Zuschauerin in Broadway-Aufführungen, wo sie sich in der letzten Reihe des obersten Ranges den Hals verrenkte, um »zumindest gelegentlich einen Blick auf die nur ameisengroßen Punkte dort unten auf der Bühne erhaschen zu können«.

Um das Geld für ihren Lebensunterhalt zu verdienen, nahm Gillian wie viele ihrer Leidensgenossen den für eine Nachwuchsschauspielerin schon beinahe traditionellen Aushilfsjob als Kellnerin an. An ihre erste Arbeitsstelle kann sie sich heute nicht mehr erinnern. Aber zumindest ihre zweite Anstellung ist ihr und ihrem damaligen Chef im Gedächtnis haftengeblieben.

»Ich wußte zunächst nur, daß sie neu in der Stadt war und Schauspielerin werden wollte«, erinnert sich Scott Turkel, der Manager des Restaurants *Dojo,* an seine erste Begegnung mit Gillian im Jahre 1990. »Sie war zwar noch sehr jung, machte aber keinesfalls den Eindruck eines naiven und hilflosen Mädchens. Nein, ich hatte von Anfang an den Eindruck, daß sie sehr genau wußte, was sie tat und was sie wollte.«

Laut Turkel erwies sich Gillian während der viermonatigen Zeit in seinem Restaurant »als ziemlich gute Kellnerin. Sie zog sich – gemessen an den Maßstäben in Greenwich Village – auch normal an, was – nach allem, was ich in der Zwischenzeit über sie gehört habe – wohl zu der Zeit keineswegs selbstverständlich für sie war. Ob sie nun von sich aus den Entschluß gefaßt hatte, ihre äußere Erscheinung zu ändern, oder ob sie es nur tat, um den Job zu bekommen, weiß ich nicht. Jedenfalls hatte sie bei mir im Lokal nie etwas von diesem Punker-Zeug an.«

Gillian arbeitete immerhin lange genug für Scott Turkel, daß dieser sich ein Bild von ihrem Wesen machen konnte. »Gewöhnlich war sie wirklich zu jedermann freundlich, aber sie konnte auch ein richtiges Biest sein. Ich erinnere mich an einen Nachmittag, als sie mir doch tatsächlich vor das Schienbein trat, nachdem ich ihr etwas gesagt hatte, was sie offensichtlich nicht hören wollte. Später sind wir einmal abends auf einen Drink in eine Bar gegangen und haben uns unterhalten. Ich weiß noch, daß sie damals sehr ernst wirkte und ganz genaue Vorstellungen davon hatte, was sie später einmal beruflich machen wollte.«

Nun – alles, was Gillian beruflich erstrebte, war ein Engagement als Schauspielerin. Und deshalb war Turkel auch nicht allzu überrascht, als sie eines Tages ins Restaurant rauschte und ihm unvermittelt verkündete, daß sie bei ihm aufhören würde. »So etwas ist in meiner Branche nichts Ungewöhnliches. Ich nahm natürlich an, daß sie tatsächlich irgendwo eine Rolle ergattert hatte.«

Genaugenommen hatte Gillian Anderson allerdings ihre Rolle nicht durch eigene Initiative »ergattert«, sondern eher durch eine für sie günstige Fügung des Schicksals in den Schoß gelegt bekommen.

Die Manhattan Theater Company – eines der traditionsreichsten Häuser am Platze – hatte die Besetzung für eine Inszenierung der Tragikomödie *Absent Friends* von Alan Ayckbourn eigentlich längst abgeschlossen. Für die Rolle der Evelyn war bereits Mary Louise Parker ausgewählt worden, und die ersten Proben hatten schon stattgefunden, als es aus heiterem Himmel zu einem erheblichen Rückschlag kam.

»Mary Louise blieb aufgrund eines anderen Angebotes praktisch nichts anderes übrig, als ihre ursprüngliche Zusage wieder zurückzuziehen«, berichtet Lynne Meadow, die Regisseurin von *Absent Friends*, über die damalige Entscheidung Mary Parkers, lieber in dem Film *Grand Canyon* mitzuwirken. »Da wir bereits mit den Proben begonnen hatten, standen wir unter enormem Zeitdruck, Ersatz für sie zu finden. Wir befanden uns wirklich in einer ausgesprochen unangenehmen Lage.« Eine Lage, die der William-Morris-Künstleragentur gerade recht kam, um ihren Schützling Gillian Anderson ins Spiel zu bringen.

Also sprach Gillian zu einem eiligst vereinbarten Termin vor, an den sich Lynne Meadow noch heute gern erinnert. »Sie war noch nie in New York in einer Theaterproduktion aufgetreten. Deshalb war alles, was ich über sie wußte, daß sie gerade in Chicago die Schauspielschule beendet hatte. Ansonsten war sie für mich ein absolut unbeschriebenes Blatt. Niemand hatte sie je zuvor jemals auf der Bühne oder in einem Film gesehen. Aber dessen ungeachtet machte sie ihre Sache bei dem Vorsprechtermin wirklich großartig. Sie war wirklich die perfekte Besetzung für die Rolle. Dennoch bestellten wir sie ein weiteres Mal zu einem Vorsprechtermin, um sicherzugehen, daß wir keinen Fehler machten. Aber als das zweite Mal genauso phantastisch verlief wie das erste, entschlossen wir uns, in den sauren Apfel zu beißen und jemanden zu engagieren, der absolut unbekannt war und über keinerlei Erfahrungen verfügte.«

Niemand war sich mehr über die Risiken dieser Produktion im klaren als Gillian Anderson selbst. Noch immer trug sie die letzten Reste ihrer alten Skepsis und Selbstzweifel, unter denen sie in Grand Rapids und in Chicago so sehr gelitten hatte, mit sich herum. »Als Lynne meinen bisherigen Lebenslauf in der Hand hielt und mich fragte, ob das alles sei, verstand ich zunächst gar nicht, was sie meinte«, gestand Gillian achselzuckend bei einem 1991 gegebenen Interview, kurz nachdem das Stück zum ersten Mal aufgeführt worden war. »Ich war wirklich davon überzeugt, bereits eine ganze Menge geleistet zu haben. Aber nachdem Lynne mich engagiert hatte, wurde mir plötzlich klar, welches Risiko sie damit auf sich nahm. Deswegen nahm ich mir vor, sie auf gar keinen Fall zu enttäuschen.«

Je weiter die Proben voranschritten und je näher der für Januar geplante Termin für die Uraufführung heranrückte, desto mehr schwanden Lynne Meadows ursprüngliche Bedenken, die Rolle der Evelyn mit Gillian zu besetzen: »Ich hätte mir niemals vorstellen können, daß wir einen Berufsanfänger in unsere Truppe aufnehmen. Aber es gibt nun einmal Situationen, in denen man der Not gehorchen muß – und in denen jemand wie Gillian ihre große Chance erhält. Es mag ihr zwar an Erfahrung mangeln, aber dafür verfügt sie über sehr viel Talent und hat bereits jetzt einen Stil entwickelt, der genau dem entspricht, was die Rolle von ihr verlangt.«

Nicht zuletzt die Pressemeldung, daß die Hauptrolle des Stücks mit einer völlig unbekannten Nachwuchsschauspielerin besetzt worden war, sorgte dafür, daß die Premierenvorstellung bis auf den letzten Platz ausverkauft war. Gillian Anderson hat noch heute sehr genau vor Augen, wie sie damals hinter der Bühne voller Nervosität darauf wartete, daß die Vorstellung begann. »Mein Magen spielte vor Lampenfieber verrückt, und ich hatte das Gefühl, als hätte ich eine Überdosis Drogen verabreicht bekommen. Ich zitterte buchstäblich vor Aufregung und wollte nichts anderes als mich irgendwo verkriechen. Noch eine Minute zuvor hatte ich meinen Text gewußt, aber schlagartig war alles wie weggeblasen. Doch als sich dann der Vorhang hob, ging alles plötzlich wie ganz von allein.«

Absent Friends wurde vierundsechzigmal aufgeführt

und bescherte Gillian wenn auch nicht gerade sensationelle, so doch ausgesprochen gute Kritiken. So hieß es in *The New Yorker,* daß »Gillian Anderson genau die richtige Besetzung für die Rolle der kapriziösen Evelyn« sei und daß sich die ganze Stadt vor ihrer schauspielerischen Leistung verbeuge.

Mit jeder Aufführung vor stets gutbesuchtem Haus stieg Gillians Selbstbewußtsein in gleichem Maße, wie sich ihre künstlerischen Darbietungsfähigkeiten verfeinerten. Als sich der Vorhang schließlich am 15. März 1991 nach der letzten Vorstellung senkte, befand sich die zuvor völlig unbekannte Gillian Anderson auf dem besten Weg, in Rekordzeit den begehrten *Theatre World Award* als beste Nachwuchsschauspielerin des Jahres zu gewinnen! Doch obwohl sie die Auszeichnung für ihre künstlerischen Verdienste tatsächlich noch im selben Jahr freudestrahlend entgegennahm, äußerte sie sich kurz darauf noch immer besorgt, was ihre weitere künstlerische Zukunft betraf: »Die größte Sorge jedes Schauspielers ist es, sein jeweils nächstes Engagement zu bekommen. Zumindest unterschwellig fürchtet jeder, daß die Rolle, die man gerade spielt, gleichzeitig auch die letzte sein könnte. Aber das gehört nun einmal untrennbar zum Leben eines Künstlers dazu. Und ich habe das unbestimmte Gefühl, daß dieser dornige Weg – wohin auch immer er mich führen mag – trotzdem der bestmögliche von allen für mich ist.«

Gillians Befürchtungen sollten sich jedoch als völlig unbegründet erweisen, denn schon kurz nachdem *Absent Friends* abgesetzt worden war, erhielt Gillian gleichzeitig drei verschiedene Angebote. Bei dem ersten handelte es sich um einen obskuren No-Budget-Film, das zweite betraf eine Charakterrolle in einer Produktion mit dem Titel *The Turning* und das dritte eine Theaterinszenierung des Christopher-Hampton-Stücks *The Philanthropist* auf den ruhmreichen Brettern des Long Wharf Theatre in New Haven, Connecticut. Gillian setzte sich daraufhin mit ihrer Agentin zusammen, um sich mit ihr zu beraten. Das erste Angebot kam ohnehin nicht ernsthaft in Frage, da es viel zu windig war. Da das Long Wharf Theatre bereit war, mit der Inszenierung des Stücks noch zu warten, war für Gillian der Weg frei, Ende 1991 in die Appalachian Mountains in Virginia zu fahren, um dort *The Turning* zu drehen.

In dem Film unter der Regie von Lou Puopolo, der auch das Drehbuch verfaßte, in dem Karen Allen, Tess Harper und Michael Dolan die Hauptrollen spielen, geht es um die Probleme einer Familie, die in der Abgeschiedenheit von Pocahontas, Virginia, lebt. Dorthin kehrt nach einer mehrjährigen Odyssee der Selbstfindung der rechtsextremistische Sohn zurück, um seine zerstrittene Familie wieder miteinander zu versöhnen. Gillian Andersons Rolle war die der ebenso liebreizenden wie launischen April Cavanaugh, einer alten Freundin des Sohnes. Sie trägt stark zum dramatischen Schwung des Films bei, und das nicht nur durch einige (allerdings sehr zurückhaltend gestaltete) Nacktszenen.

Puopolo, der seine Schauspieler nicht nur aus der näheren Region, sondern auch landesweit von der Westküste herübergeholt hatte, erinnert sich daran, daß er bei

Gillians erstem Vorsprechen sehr beeindruckt gewesen war. »Da ich vom Theater nur wenig verstehe und deshalb nicht viel mehr von ihr wußte, als daß sie sich zumindest in Fachkreisen einen Namen gemacht hatte, war sie zunächst für mich nur eine von vielen anderen namenlosen Schauspielerinnen, die sich bei mir vorstellten. Das änderte sich jedoch schlagartig, nachdem sie die ersten Probeaufnahmen gemacht hatte. Von da an wußte ich, daß sie genau die Richtige für die Rolle war. Gillian verfügte nicht nur über das passende Aussehen und das notwendige schauspielerische Talent, sondern auch über eine sehr professionelle Einstellung.«

Und eben diese Einstellung wurde während der ersten hektischen zehn Drehtage im November 1991 in der schneebedeckten Einöde von Pocahontas auf eine harte Probe gestellt. »Gillian erschien immer pünktlich zu den Drehterminen, wußte genau, was ihre Rolle von ihr verlangte, war immer sehr konzentriert bei der Arbeit und lamentierte – anders als viele ihrer Kollegen – nicht ein einziges Mal über die schwierigen äußeren Bedingungen, unter denen wir drehten«, berichtet Lou Puopolo. »Sie ließ sich auch dadurch nicht aus der Ruhe bringen, daß ständig alles über den Haufen geworfen wurde. Oft saß ich bis morgens vier Uhr am Schreibtisch, um das Drehbuch umzuschreiben, und brachte die neuen Dialogpassagen dann direkt mit zu den Drehorten. Ohne zu murren, nahm Gillian jedesmal die neuen Texte entgegen, lernte sie rasch auswendig und erklärte sich zu allem bereit. Für mich ist sie unbestreitbar ein absoluter Profi.«

Während der Dreharbeiten waren Gillian und ihre Kollegen in einem nahegelegenen Ort in einfachen Quartieren untergebracht worden. Dort verbrachte sie ihre Freizeit meist damit, einkaufen zu gehen und in den kleinen Lokalen zu speisen. »Hierbei hätte es leicht zu Spannungen mit der einheimischen Bevölkerung kommen können«, erklärt Puopolo, »da die Leute in so kleinen Orten oft sehr argwöhnisch sind, was Fremde angeht, vor allem, wenn diese arrogant auftreten. Aber nach allem, was ich gehört habe, ist Gillian zu jedermann freundlich und aufgeschlossen gewesen und deshalb auch von allen sehr herzlich behandelt worden.«

Sofort nachdem die Filmdreharbeiten im Dezember beendet waren, brach Gillian nach Norden auf, um sich auf *The Philanthropist* vorzubereiten. Zu ihrem Pech erwies sich *The Turning* allerdings keinesfalls als Karrieresprungbrett. Der Film wurde zwar um 1992 in Europa gezeigt, hat aber bis zum heutigen Tag in den USA keine Verleihfirma gefunden, die bereit wäre, ihn in die amerikanischen Kinos zu bringen. »Deswegen wurde Gillian Anderson in ihrer ersten größeren Filmrolle bisher nur von einer kleinen Minderheit gesehen«, bedauert Puopolo. »Und das ist um so bedauerlicher, als sie dabei wirklich sehr gute Arbeit geleistet hat.« Fans können sich davon heute zumindest auf Video überzeugen – zumindest in England kursieren haufenweise Schwarzkopien.

Ein kalter Wind fegte zwischen den Jahren über New Haven, Connecticut. Nur wenige Tage vor der Neujahrspremiere von *The Philanthropist* liefen im Long Wharf

Theatre unter den wachsamen Augen des langjährigen Regisseurs Gordon Edelstein die letzten Proben auf Hochtouren.

Gerade wurde noch einmal die Szene gespielt, in der die sexbesessene Araminta sich an den Bücherwurm Philip heranmacht, während Celia, Philips Verlobte (gespielt von Gillian Anderson), gerade im Begriff ist, dem Charme des arroganten Schriftstellers Braham zu erliegen. Am Ende der Szene wendet sich Celia, die an der Seite Brahams den Raum verläßt, noch einmal zu Philip, um ihm einen letzten Blick zuzuwerfen. Diesen Blick, den Gordon Edelstein auf jener Probe und an allen nachfolgenden Aufführungsabenden in Gillians Augen sah, hat er niemals vergessen. »Dieser Blick verriet so viel Verwundbarkeit, so viel herzzerreißenden Schmerz über den drohenden Verlust ihres Verlobten«, schwärmt der Regisseur noch heute über seinen einstigen Schützling. »Aber das war typisch für Gillian. Die Darstellung von Emotionen, gleich welcher Art, war und ist ihre große Stärke.«

Wie die meisten anderen Theaterleute, wußte auch Edelstein zu diesem Zeitpunkt nur wenig über Gillian. »Ich hatte zwar aus zweiter Hand ein paar Dinge über sie gehört und mitbekommen, daß sie in New York mit großem Erfolg in *Absent Friends* mitgespielt hatte, aber das war's auch schon. Da sie jedoch von Debra Brown, die bei uns für die Besetzung der Rollen zuständig ist, in höchsten Tönen gelobt wurde, fragten wir an, ob wir sie bekommen könnten.«

Gordon Edelstein mußte seinen Entschluß nicht bereuen. »Sie ist wirklich eine unglaublich gute Schauspielerin. Alles, was sie auf der Bühne zeigte, wirkte absolut überzeugend und glaubwürdig. Da *The Philanthropist* ein britisches Stück ist, kam uns außerdem sehr gelegen, daß sie diesen herrlichen Akzent hat.« Während man als Regisseur nach dem Vorsprechen der verschiedenen Rollenbewerber meist erst schlaflose Nächte verbringt, bevor man sich zur endgültigen Besetzung durchringt, erübrigte sich bei Gillian jede weitere Diskussion, obwohl auch sie zunächst mit dem Standardsatz »Sie hören von uns« verabschiedet wurde.

»Sobald sie jedoch hinter der Bühne verschwunden war, wandte ich mich unverzüglich an Debra und sagte zu ihr: ›Was für eine tolle Schauspielerin! Das war ja einfach umwerfend. Wäre sie wohl bereit, die Rolle zu übernehmen?‹ Und Debra antwortete: ›Ich weiß nicht.‹ Also forderte ich sie auf, ihr am besten gleich hinterherzulaufen. Von dort aus, wo ich stand, konnte ich hören, wie Gillian die Treppe hinunterging und gerade in den Fahrstuhl steigen wollte, als Debra sie abfing. Ich bekam zwar nicht mit, was die beiden sprachen, aber ein paar Augenblicke später kehrte Debra zurück und erklärte mir, daß Gillian sich bereit erklärt habe. Daraufhin entschied ich prompt: ›Dann sollten wir die Sache gleich unter Dach und Fach bringen!‹«

Aus Gillians Sicht bot dieses Angebot ihr eine willkommene Gelegenheit, um letzte Zweifel auszuräumen, daß ihr Erstlingserfolg in New York nur ein Zufallstreffer gewesen war. Den Gegenbeweis konnte sie schließlich am ehesten dadurch leisten, daß sie sich selbst und die

2   Auch als Model macht Gillian eine gute Figur.

3   Im TV und bei offiziellen Anlässen trägt Gillian Anderson meistens Kontaktlinsen – privat bevorzugt sie ihre Brille.

4/5 Unheimliche Fälle für Special Agent Dana Scully alias Gillian Anderson.

6/7 Gillian bei den Dreharbeiten zu »Akte X – Die unheimlichen
Fälle des FBI« (unten zusammen mit Chris Carter).

8 Shooting-Stars unter sich: Gillian Anderson und David
Duchovny.

9 Das Traumpaar der besonderen Art: Fox Mulder und Dana
Scully.

10   Gillian mit ihrem Bruder Aaron und ihrer Schwester Zoe …

11   … und bei einer Modenschau des Hauses Krizia mit einem
weiteren berühmten Rotschopf, Mick Hucknall von »Simply Red«

Kritiker ein zweites Mal von ihren Fähigkeiten über-
zeugte.

Ronald Guttman, der an Gillians Seite eine der männlichen Hauptrollen im Stück spielte, erinnert sich daran,
wie angenehm er von Gillian während der ersten Proben
überrascht worden war. »Mein erster Eindruck von ihr
war, daß sie sehr europäisch wirkte, das heißt, daß sie
sehr genaue Text- und Literaturkenntnisse besaß. Wann
immer man ihr begegnete, las sie, hatte eine Zigarette in
der Hand und trank Kaffee, was auch sehr europäisch
wirkte. Dadurch fühlten wir beide uns irgendwie wahl-
verwandt. Außerdem verfügte sie über sehr viel Charme
und war überaus anziehend. Sie ist eine ausgesprochen
verführerische Frau, hat aber gleichzeitig auch sehr viel
Herz.«

Tim Choate, ein anderes Mitglied des damaligen Ensembles, stellte allerdings noch eine andere Seite an Gillians Wesen fest, auch wenn er – wie sein Kollege Guttman – zuerst ihre schauspielerischen Qualitäten preist
und ihre exzellente Darstellung der Celia hervorhebt.
»Gillian gab sich jedoch auch immer recht distanziert«,
fügt er hinzu. »Sie ließ niemanden zu dicht an sich her-
ankommen und wirkte insgesamt eher verschlossen.«

Als das Stück am 9. Februar 1992 zum letzten Mal aufgeführt wurde, hatte es eine Reihe gemischter bis sehr
guter Rezensionen bekommen. Wieder einmal erwies
sich Gillian Anderson als unumstrittener Liebling der
Kritiker.

So hieß es in *The Hartford Courant:* »Die von Gillian
Anderson verkörperte Celia lernt sehr schnell, mit den

Verlogenheiten dieser Welt umzugehen und sich auf brutale Weise aller ›wohlmeinenden Ratgeber‹ zu entledigen, die ihr Spiel mit ihr spielen wollten.« Und der *Manchester Journal Inquirer* resümiert: »Andersons Celia ist eine Mischung aus entwaffnendem Charme und nüchternem Egoismus.«

Ronald Guttman zeigt sich keineswegs überrascht über die guten Kritiken, die Gillian einheimste. »Wenn wir auf der Bühne standen, ging sie immer völlig in ihrer Rolle auf. Nicht ein einziges Mal hatte ich das Gefühl, daß sie ihren Part einfach herunterspielte. Deshalb war es immer ein wirkliches Erlebnis, mit ihr zusammenzuarbeiten.«

Standen keine Proben oder Aufführungen auf dem Programm, fuhr Gillian gelegentlich nach New York, um sich dort selbst eine Theateraufführung anzuschauen, oder sie ging mit den anderen Mitgliedern des Ensembles in New Haven aus. Gordon Edelstein erinnert sich an einzelne private Begegnungen mit ihr, in denen er einen Mutterinstinkt an ihr bemerkte, der sich im Lauf der Jahre immer stärker entwickeln sollte. »Ab und zu besuchte Gillian mich zu Hause. Sobald sie bei diesen Gelegenheiten meine kleine Tochter sah, hockte sie sich sofort zu ihr auf den Boden und spielte mit ihr. Es konnte einem einfach nicht verborgen bleiben, daß sie allem Anschein nach viel für Kinder übrig hatte. In solchen Augenblicken erfuhr man sehr viel mehr über ihr wahres Wesen als in diesen obskuren Geschichten, die man heute von Zeit zu Zeit über ihre Jugendjahre hört. Gillian hat eben sehr viele unterschiedliche Wesensseiten. Zum einen kann sie sehr zurückhaltend, nachdenklich und in sich gekehrt sein, zum anderen aber auch fröhlich und sehr lebendig.«

Ungefähr zu dieser Zeit geschah etwas, das Gillians weiteren Lebensweg nachhaltig beeinflussen sollte. Während ihres Engagements in New Haven hatte sich eine Beziehung zwischen ihr und ihrem Kollegen Tim Choate entwickelt. Bis zu diesem Zeitpunkt hatte Gillian stets die für einen Theaterschauspieler typische Position vertreten, »niemals nach Hollywood« zu gehen. »Ich hatte immer das Gefühl gehabt, daß dort künstlerische Kreativität nicht gefragt war und sich alles nur um Geld und Macht drehte. In diese Vorstellung hatte ich mich irgendwie verrannt, ohne zu wissen, woher ich sie eigentlich hatte«, gesteht Gillian. »Jedenfalls wäre es mir damals nie in den Sinn gekommen, irgendwann einmal für das Fernsehen zu arbeiten, denn das wäre mir als das sichere Ende meiner schauspielerischen Karriere erschienen.« Ronald Guttman wurde des öfteren Zeuge derartiger Äußerungen: »Sie betonte immer wieder, wie sehr sie die Arbeit am Theater liebte. Deshalb vermutete ich damals, daß sie versuchen würde, wieder nach New York zurückzugehen, um dort beim Theater weiterzumachen.«

Aber Gillians schauspielerisches Selbstverständnis und ihre beruflichen Zukunftspläne waren nicht mit ihren privaten Interessen in Einklang zu bringen. Denn nachdem in New Haven der letzte Vorhang gefallen war und Tim Choate die Ostküste verließ, um nach Los Angeles zu gehen, bemerkte Gillian sehr bald, wie sehr ihr die Trennung von ihm zu schaffen machte. Es dauerte nicht allzu lange, und auch sie kaufte sich ein Flugticket nach L. A.

5

Mehr als bloß eine Sexbombe: Gillians Karrieresprung

Gillian Andersons Agentin ging davon aus, daß ihre Abreise nach Los Angeles rein berufliche Gründe hatte und sie sich dort wohl bessere Karrierechancen ausrechnete. In einem 1994 gegebenen Interview betonte die Schauspielerin jedoch nochmals, daß ihr Ortswechsel rein private Motive gehabt habe. »Ich flog nur nach Los Angeles, um dort einen Mann zu treffen, den ich bei meiner Arbeit in New Haven kennengelernt hatte«, erklärt Gillian, die sich immer bemühte, Details ihrer Liaison mit Tim Choate nicht an die Öffentlichkeit dringen zu lassen. »Ursprünglich hatte ich geplant, lediglich für etwa zwei Wochen zu bleiben. Aber als ich schließlich dort war, gab ich spontan mein Rückflugticket zurück.«

Die gemeinsame Zeit der beiden Schauspieler bestand aus jenem Auf und Ab, das so typisch für die Beziehung zweier kreativer Menschen ist, die ihre Liebe zueinander mit anderen persönlichen Leidenschaften in Einklang zu bringen versuchen. Anfangs hing der Himmel voller Geigen, und alles entwickelte sich so harmonisch, daß Gillian Gefahr lief, sich nicht nur an den südkalifornischen Lebensstil zu gewöhnen (den sie zuvor immer argwöhnisch abgelehnt hatte), sondern auch ihre weitere Karriere aus dem Blick zu verlieren. Doch früher oder später konnte sie die Augen nicht länger davor verschließen, wieder nach einem Engagement Ausschau halten zu müssen, um nicht ganz in Vergessenheit zu geraten. Also beschloß Gillian, das Angenehme mit dem Nützlichen zu verbinden, und nahm Kontakt zu ihrer Agentin auf, um ihr zu verkünden, daß sie fortan in Hollywood arbeiten wolle. Allerdings betonte sie dabei: »Ich kam nicht nach Los Angeles, um hier Fernsehen zu machen, sondern um Filme fürs Kino zu drehen.«

Doch das Jahr 1992 sollte für Gillian unter keinem günstigen Stern stehen. Auch ihr guter Ruf, den sie sich an der Ostküste erworben hatte, konnte nicht verhindern, daß sie hier letzten Endes nur eine von vielen arbeitslosen Schauspielerinnen Hollywoods war. Sicherlich ist es stark übertrieben, wenn Gillian Anderson behauptet, beinahe das ganze Jahr über »drei- oder viermal am Tag« an verschiedenen Orten vorgesprochen zu haben. Tatsächlich bemühte sie sich wohl nur eher halbherzig um ein Engagement. Auf jeden Fall aber blieben ihre Versuche erfolglos: »Ich bekam einfach keine Rolle. Und als ich meine Ersparnisse aufgebraucht hatte, war ich von der finanziellen Unterstützung meines Freundes abhängig.«

Tim Choate – der sich nicht bereit erklärte, über irgendwelche privaten Dinge zwischen ihm und Gillian zu sprechen – bestätigt immerhin, daß seine damalige Freundin eine harte Zeit durchgemacht habe: »Es war auch für mich nicht leicht, hilflos mit ansehen zu müssen, wie sie sich erfolglos abstrampelte, ohne von irgendwoher ein Angebot zu bekommen.«

Eine Rolle, die sie zumindest *beinahe* bekommen hät-

te, ist Gillian Anderson besonders im Gedächtnis haftengeblieben. Es ging um die Darstellung der vierzehn-
jährigen Ann Fugate in der Fernsehproduktion *Murder
in the Heartland* über den Massenmörder Charles Stark-
weather. Gillian beeindruckte die Produzenten mit ihrer
darstellerischen Fähigkeit, einen psychisch gestörten
und von Mordlüsten getriebenen Teenager zu spielen.
Und obwohl sie die Rolle letztlich doch nicht bekam, be-
wertet sie ihre bei den Probeaufnahmen gemachten Erfahrungen immerhin als ermutigend: »Das Ganze stellte
für mich eine wirklich große und inspirierende Herausforderung dar, vor allem da ich sonst praktisch nichts zu
tun hatte. Und es tat meinem angeschlagenen Selbstbewußtsein gut, zumindest in die engere Wahl gezogen
worden zu sein.«

Wenn auch widerstrebend, so sah sich Gillian doch
langsam, aber sicher dazu gezwungen, auch weniger attraktive Projekte in den Blick zu nehmen, und stimmte
schließlich zu, daß ihre Managerin für sie auch Vor-
sprechtermine vereinbarte, bei denen es nur um einzelne Auftritte in diversen Fernsehserien ging. Dessenungeachtet schien sie noch immer von der fixen Idee besessen, daß die Arbeit für Film und Fernsehen keinem
wahrhaft künstlerischen Anspruch genüge. Das galt auch
für einen Auftrag, den sie 1993 übernahm. Sie sollte im
Rahmen einer Hörspielproduktion die Figur der Rachel,
der weiblichen Hauptfigur in Ann Ramplings (besser bekannt als Anne Rice, Autorin von »Interview mit einem
Vampir«) *Exit to Eden,* lesen. »Ich akzeptierte das Angebot, weil ich das Geld dringend benötigte«, erläuterte

Gillian zwei Jahre später ihren Entschluß. »Ich las ein paar Textproben vor, bekam den Job und flog dann nach New York, um mich dort ins Tonstudio zu begeben. Bei der ersten Probe stellten der Sprecher, der die männliche Hauptrolle las, und ich zunächst ernüchtert fest, daß wir erst einmal sehen mußten, wie wir mit unseren verschiedenen Akzenten und Stimmlagen zurechtkamen. Mein erster Gedanke war: ›Oh, mein Gott! Wo bin ich denn hier hineingeraten?‹ Na ja, am Ende haben wir das Kind schon geschaukelt. Aber das konnte vorher niemand absehen. Es war gerade so, als ob man kopfüber in ein unbekanntes Gewässer springt und dabei hofft, daß man irgendwie wieder heil an die Oberfläche kommt.«

Gillian überstand ihre künstlerische und finanzielle Durststrecke durch weitere kleine Aufträge, zu denen 1993 auch ihr erster Fernsehauftritt in einer Folge *(The Accused)* der kurzlebigen TV-Serie *Class of '96* gehörte, in der sie eine problembeladene Studentin darstellte. »Ich hab's getan, aber es ging mir nur um den Barscheck. Ansonsten ergab sich aus dieser Rolle nichts, was für meinen späteren Weg wichtig gewesen wäre.«

Gillian geriet in dieser Phase ihres Aufenthaltes in Los Angeles erneut in Gefahr, bereits überwunden geglaubte, selbstzerstörerische Bahnen einzuschlagen. Die Ursache hierfür bestand allerdings nicht allein in ihrer damaligen beruflichen Erfolglosigkeit, sondern nicht zuletzt auch in den zunehmenden Differenzen zwischen ihr und Tim Choate. »Zu jener Zeit war ich an dem Tiefpunkt angelangt, daß ich zu Vorsprechterminen ging und gleichzeitig von ganzem Herzen hoffte, *nicht* genommen zu werden, weil ich damit eigentlich nichts zu tun haben wollte.« Als weitere drei Monate vergangen waren, wurde Gillian von ihrer Agentin angerufen, die ihr riet, sich für eine Rolle in einer seltsamen TV-Produktion mit dem Titel *Akte X* vorzustellen.

Das Konzept von *Akte X* wurde Anfang 1992 von Chris Carter erdacht, dem ehemaligen Herausgeber eines Surf-Magazins, der nun als Drehbuchautor und freier Journalist sein Geld verdiente. »Mein Plan war, eine Serie zu schaffen, die beim Zuschauer eine Gänsehaut bewirkt. Dabei hatte ich aber nicht so ein simples Strickmuster wie ›Hier sehen Sie das Monster der Woche‹ vor Augen, sondern eine breitangelegte und vielfältige Palette spannender und fesselnder Geschichten«, erläutert Carter seine Vorüberlegungen. »Und von Anfang an war ich mir sicher, daß die Serie ein Dauerbrenner werden würde, weil ihre Stärke vor allem darin bestand, den Leuten etwas zu präsentieren, was sie in dieser Form nie zuvor gesehen hatten, und weil ich die beiden Hauptrollen mit zwei frischen, noch unbekannten Schauspielern besetzen wollte.«

Als Carter sich seinen Kopf über die Konzeption seiner beiden Helden zerbrach – die FBI-Agenten Fox Mulder und Dana Scully, die nicht nur nach Außerirdischen fahndeten, sondern zum Beispiel auch nach kannibalischen Mördern –, wurde er dabei sowohl von der 1970 erstmals ausgestrahlten Fernsehserie *Kolchak: The Night Stalker* als auch von dem TV-Klassiker »Mit

Schirm, Charme und Melone« inspiriert. »An ›Mit Schirm, Charme und Melone‹ gefiel mir besonders gut, daß es dort alle denkbaren Beziehungen zwischen Mann und Frau gab: nur keine sexuellen. Man arbeitet prima zusammen, ist freundlich und zuvorkommend zueinander, aber alles auf rein platonische Weise. Genau das schwebte mir auch für Mulder und Scully vor.«

Ebenso großen Wert legte Carter darauf, daß seine beiden Hauptfiguren über eine passende und glaubwürdige Biographie verfügten. Deshalb fielen bereits seine Vorarbeiten in dieser Hinsicht ungewöhnlich detailliert aus.

Dana Katherine Scully wurde am 23. Februar 1964 als Tochter von William Scully (einem mehrfach ausgezeichneten Marineoffizier) und Margret Scully geboren. Sie hat drei Geschwister (ihren älteren Bruder William Scully jr., ihre ebenfalls ältere Schwester Melissa Scully sowie ihren jüngeren Bruder Charles Scully). Ihr Geburtsort ist unbekannt.

Dana Scully studierte zunächst in Berkeley zwei Semester Medizin mit dem Schwerpunkt auf forensischer Medizin und Pathologie. Als Folge ihres politischen Engagements und ihrer Teilnahme an Protestaktionen gegen Atomwaffen wechselte die logisch denkende und zielstrebig vorgehende Studentin dann jedoch zur Universität von Maryland, wo sie ihre akademische Ausbildung abschloß.

Sie wurde bereits 1986 während ihres Studiums an

der medizinischen Hochschule vom FBI rekrutiert. Die Bundespolizei war auf sie vor allem wegen einer Seminararbeit über Einsteins Theorien aufmerksam geworden. Nachdem sie an der Universität von Maryland zudem ein Diplom in Physik erworben hatte, begann Scully an der FBI-Akademie in Quantico zu unterrichten, wurde jedoch zwei Jahre später von Sektions-Chef Scott Blevins zur Akte-X-Abteilung beordert. Ihre zentrale Aufgabe bestand zunächst darin, Spezialagent Fox Mulder zu beschatten und zu beweisen, daß es sich bei den im Geheimarchiv gesammelten Fällen keinesfalls um paranormale Phänomene handelte. Spezialagentin Scully, mit der Dienstnummer 2317-616, lebt in einem bescheidenen, aber funktionalen Apartment in Annapolis, Maryland, 3170 West 53rd Road # 35. Dienstlich ist sie unter der Telefonnummer (202) 555-6431 zu erreichen. Ihre E-Mail-Adresse lautet DScully@FBI.gov. Als Waffe benutzt sie eine Smith and Wesson 1056, Kaliber 9 mm.

Da Chris Carter von Beginn an bewußt war, daß der Erfolg der Serie in hohem Maße davon abhing, daß Mulder und Scully – gemäß seinen Vorstellungen – zusammenpaßten, stellte er sich darauf ein, »mit Sicherheit eine ganze Weile nach geeigneten Darstellern suchen zu müssen«.

Die Fox-Fernsehgesellschaft zeigte sich an Carters *Akte X*-Projekt interessiert und sicherte sich die Rechte an der geplanten Serie. Schließlich traf am 12. Dezem-

ber 1992 die Endfassung des Drehbuchs für den Pilotfilm beim Sender ein. Während seiner Arbeit am Manuskript hatte sich Carter dazu entschlossen, seiner
männlichen Hauptfigur mit »Mulder« den Mädchenna-
men seiner Mutter zu geben und »Scully« nach dem legendären Sportreporter Vince Scully zu benennen. Her-
vorzuheben ist vor allem noch, daß Carter bei der Über-
arbeitung des Drehbuchs eine Entscheidung traf, die
von großer Bedeutung für Gillian Andersons Darstellung
der FBI-Spezialagentin war: Er strich nämlich alle Passagen, die Scullys Liebesbeziehung zu dem Lobbyisten
Ethan Minette betrafen (darunter auch eine Bettszene
mit den beiden). Anstatt – wie zunächst von ihm geford-
dert – konventionelle Liebes- und Sexszenen in die Serie
einzubauen, um auf diese Weise vermeintlich mehr Zuschauer vor die Bildschirme zu locken, setzte sich Carter
mit seinem konsequent sach- und themenorientierten
Konzept durch.

Von all diesen Vorüberlegungen ahnte Gillian natürlich nichts, als sie sich für die Rolle der Dana Scully bewarb. Zu dem Zeitpunkt hatte sie ganz andere Sorgen:
»Ich hatte seit mehr als einem Jahr kein Engagement
mehr bekommen und konnte es mir daher auch nicht erlauben, besonders wählerisch zu sein. Ich war entschlossen, mehr oder weniger jedes Angebot anzunehmen,
wenn ich dafür nur ordentlich bezahlt wurde. Als mir
dann von meiner Agentin die Sache mit *Akte X* vorge-
schlagen wurde, schien mir das Ganze zunächst nichts
anderes zu sein als die übliche Fernsehdurchschnittswa-
re. Aber nachdem ich das Drehbuch für den Pilotfilm

gelesen hatte, änderte ich meine Meinung. Zum einen hatte mich die packende und dichte Handlung gefesselt, zum anderen fühlte ich mich von dem aufgegriffenen Stoff sehr angesprochen. Schon seit meiner frühesten Kindheit glaube ich an übersinnliche Kräfte, an UFOs, Geister und derartige Dinge. Was mich aber am meisten faszinierte, war die Tatsache, daß ich zum ersten Mal seit sehr langer Zeit einen Text in Händen hielt, in dem die weibliche Hauptfigur eine durchsetzungsfähige, eigenwillige und intelligente Frau war. Darüber hinaus schien mir das spannungsgeladene Verhältnis zwischen Mulder und Scully aus schauspielerischer Sicht ausgesprochen interessant zu sein.«

Gillian Anderson muß unwillkürlich schmunzeln, wenn sie daran denkt, daß ausgerechnet sie – die von der Existenz paranormaler Phänomene überzeugt ist – die Rolle der geborenen Skeptikerin Scully erhielt. Die Schauspielerin hat in der Tat nicht nur viele Bücher zum Thema »übersinnliche Erscheinungen« gelesen, sondern sich auch mehrmals in aller Öffentlichkeit dazu bekannt, zu spiritistischen Sitzungen zu gehen oder sich die Karten legen zu lassen. »Mich haben all diese Dinge von jeher fasziniert«, gesteht sie ein, »und solange es UFOs gibt, weiß ich immerhin, daß wir nicht allein in der Endlosigkeit des Weltalls sind. Ich würde mich wirklich darüber freuen, einmal einem echten Außerirdischen zu begegnen. Schließlich ist es ausgesprochen wahrscheinlich, daß es im Universum außer uns noch weitere intelligente Lebewesen gibt.«

Als Gillian Anderson sich zum ersten Mal dem *Akte X-*

Produktionsteam präsentierte, machte sie einen alles andere als vorteilhaften Eindruck. »Es war sicher nicht günstig für mich, daß ich bei den ersten Probeaufnahmen ein ausgeliehenes Kostüm trug, das mehr schlecht als recht saß. Der für die Rollenbesetzung zuständige Produzent machte aus seinem Befremden auch keinerlei Hehl und bezeichnete mein Aussehen als ›schlampig‹.«

Gillian bestreitet, daß es sich bei ihrem geradezu selbstmörderischen Auftritt um ein absichtliches Manöver gehandelt habe, mit dem – bewußt oder unbewußt angestrebten – Ziel, die Rolle *nicht* zu bekommen, weil sie nach wie vor eine tiefsitzende Abneigung gegen TV-Produktionen hatte. Vielmehr sei die damalige Situation nur ein schlagender Beweis dafür, daß sie auf ihr Äußeres nie viel Aufmerksamkeit verwende. »Allen Ernstes: Ich schaue wirklich nicht oft in den Spiegel«, lacht Gillian. »Ich stehe morgens auf, fahre sofort zur Arbeit und lasse mir das Make-up und die Frisur machen, bevor ich überhaupt daran denke, daß ich vielleicht noch Schlaf in den Augen haben könnte.«

Dennoch hinterließ Gillian bei ihrem ersten Vorstellungstermin insgesamt doch einen solch positiven Eindruck, daß sie einige Tage später einen Anruf erhielt und zu einem Gespräch mit Chris Carter und den übrigen *Akte X*-Produzenten eingeladen wurde. Diesesmal trug die Schauspielerin ein erneut nur geliehenes, aber besser sitzendes Kostüm und modische Pumps. Aber Carter war dennoch nicht zufrieden: »Als sie eintrat, wirkte sie nach wie vor irgendwie unordentlicher und weniger vorteilhaft, als ich mir eine Dana Scully vorgestellt hatte.

Auf der anderen Seite sprachen ihr klassisch geschnittenes Gesicht und der professionelle Ernst in ihren Zügen für sie. Sie wirkte einfach überzeugend, als sie Textproben mit wissenschaftlichen Begriffen vorlas. Ja, man glaubte ihr wirklich, daß sie eine ›Frau Doktor‹ war. Sie hob sich völlig von den üblichen TV-Sexbomben ab – und bekam deswegen auch die Rolle.«

Gillian Anderson hat heute noch deutlich vor Augen, wie groß der Druck war, der bei dem Termin auf ihr lastete. »Als ich mich vorstellte, wurde mir schnell klar, daß Chris Carter sehr konkrete Vorstellungen von der Besetzung der Rolle hatte. Ich spürte jedoch auch, daß er an mir anscheinend einige der Wesens- und Ausdrucksmerkmale vorfand, nach denen er suchte. Aber was genau ihm an mir gefiel, vermag ich nicht zu sagen. Den Ausschlag gab vielleicht, daß ich einen gewissen zurückhaltenden Ernst ausstrahle. Dieser Ernst haftet auch der im Drehbuch dargestellten Scully an, die kaum einmal die Lippen zu einem Lächeln verzieht. Vielleicht war das das Entscheidende.«

Bevor die Würfel endgültig zu ihren Gunsten fielen, mußte eine ausgesprochen zittrige Gillian Anderson einige Tage später erneut zu einem Vorstellungstermin erscheinen, dem diesmal nicht nur ihr zukünftiger Bildschirmpartner David Duchovny, sondern auch die führenden Köpfe der Produktions- und Fernsehgesellschaft beiwohnten. Carter hatte zwar bereits sein Votum für Gillian als geeignete Besetzung verkündet, doch einige der Fernsehbosse hatten offenkundig Vorbehalte gegen seine Wunschkandidatin. Diese richteten sich keinesfalls gegen ihre schauspielerischen Fähigkeiten, sondern vielmehr gegen ihr Aussehen. Mit einem gehörigen Schuß Ironie kommentiert Gillian die damalige Situation: »Als die erneuten Probeaufnahmen begannen, hatte ich zunächst keine Ahnung, worauf das Ganze hinauslaufen sollte. Es hätte mir ja bloß jemand einen Tip zu geben brauchen, daß ich ein paar enger sitzende Kleidungsstücke und höhere Absätze tragen sollte. So aber dauerte es eine Weile, bis ich begriff, daß die großen Bosse lieber eine typische Fernsehblondine gehabt hätten, die größer sein sollte sowie längere Beine und einen üppigeren Busen hätte haben müssen als ich. Offensichtlich hatten diese Herren eher vor, eine Serie mit dem Titel *Akte XXL* zu machen.«

David Duchovny, der zu diesem Zeitpunkt Gillian noch nie zuvor begegnet war und nichts über ihre bisherige Arbeit wußte, entpuppte sich schnell als ihr Fürsprecher. »Die ganze Geschichte damals ist durch einige Vertreter der Fernsehgesellschaft unnötig aufgeblasen worden«, erinnert er sich an den ersten gemeinsamen Termin mit seiner späteren Partnerin. »Man muß doch nur einen Blick auf Gillian werfen, um festzustellen, daß sie eine wunderbare Frau ist. Sicher, sie ist nicht 1,80 Meter groß und hat auch keine Mega-Titten, die ihr Gesicht vergessen lassen. Aber wann sieht der Zuschauer Dana Scully denn einmal im Badeanzug? Und außerdem hat Gillian ein sehr schönes Gesicht, das sie wirklich nicht zu verstecken braucht. Nein, das ganze Problem bestand wirklich nur darin, daß einige dieser Herren nichts anderes als eine zweite Pamela Anderson wollten.«

Da sich jedoch Chris Carter und sein Produktionsstab eindeutig für Gillian Anderson aussprachen und sich mit ihrer Wahl durchsetzten, konnten sich die Fernsehbosse mit der Aussicht trösten, in David Duchovny die auch sie überzeugende Idealbesetzung für Fox Mulder gefunden zu haben. Wie seine Bildschirmpartnerin ist auch Duchovny ein ausgesprochen belesener, literarisch gebildeter und eher grüblerisch und verletzlich wirkender Schauspieler, der sich allerdings bereits vor *Akte X* durch sein Mitwirken in mehreren Film- und Fernsehproduktionen einen Namen gemacht hatte. Dazu zählten sowohl die von einem Kabelsender ausgestrahlte Erotikserie *The Red Shoe Diaries* als auch David Lynchs Kultserie *Twin Peaks* und der Kinofilm *Kalifornia*, in dem sich Duchovny gegen einen mehrfachen Mörder (gespielt von Brad Pitt) zur Wehr setzen muß. Vor diesem Hintergrund hatte er die Rolle des Fox Mulder sicher und konnte die erneuten Probeaufnahmen dementsprechend entspannt über sich ergehen lassen. »In den Augen vieler Leute war David damals bereits so etwas wie ein Star, da er schon eine ganze Menge Filme und TV gemacht hatte. Deshalb war es auch vergleichsweise leicht, seine schauspielerischen Qualitäten zu beurteilen«, erläutert Chris Carter. »Gillian hatte demgegenüber sehr viel weniger vorzuweisen. Und deswegen war es viel schwerer für mich, gerade die Leute von ihr zu überzeugen, deren Geld ich ausgab.«

Auch wenn wenn es sie ärgerte, offensichtlich nur gegen das Vorurteil der Fernsehgewaltigen ankämpfen zu müssen, so betrachtete Gillian Anderson es doch bereits als Erfolg, in der Endausscheidung so weit gekommen zu sein: »Ich war an jenem Tag davon überzeugt, daß sie mich ablehnen würden, weil ich nicht ihren Vorstellungen von einem vollbusigen, langbeinigen Vamp entsprach. Aber ich wußte auch, daß es nur noch darum ging, ob ich oder eine x-beliebige andere Frau die Rolle bekam.«

Das wußte auch Ric Murphy, Gillians Lehrer an der Schauspielschule, zu dem der freundschaftliche Kontakt auch über die Jahre nie abgebrochen war. Er hatte bereits im Publikum gesessen, als seine ehemalige Schülerin in *Absent Friends* ihre ersten eigenen künstlerischen Gehversuche unternahm. Deshalb verwunderte es ihn – der immer an Gillians Karriere geglaubt hatte – auch nicht, als sie ihn plötzlich anrief und berichtete, daß sich nach der langen Durststrecke in Los Angeles endlich ein Streif am Horizont abzeichne. »Ich drückte ihr natürlich die Daumen, zumal sie nach ihrem grandiosen Start in New York nun in eine Sackgasse geraten zu sein schien. Als sie mir daher aufgeregt erklärte, daß sie bereits mehrere Male zu Probeaufnahmen bestellt worden war, freute ich mich sehr für sie.«

»Hallo, ich bin David Duchovny.«

Gillian blickte von ihrem Manuskript auf, in das sie sich – auf dem Flur wartend – vertieft hatte und blickte in das lächelnde Gesicht des Schauspielers. Sie erwiderte sein Lächeln und ergriff seine ausgestreckte Hand.

»Ich dachte, es wäre vielleicht keine schlechte Idee, wenn wir die Szene einmal gemeinsam durchgehen, bevor wir gleich dran sind«, fuhr er fort.

Beide begannen daraufhin, sich auf dem kalten, unfreundlichen Flur mit ihrem Dialog auseinanderzusetzen. Und trotz der widrigen Umstände dauerte es nicht lange, bis der Funke zwischen beiden übersprang.

»Es war wirklich faszinierend«, erinnert sich Gillian. »Noch heute bin ich davon überzeugt, daß wir eine Szene nie besser gespielt haben als damals.«

David Duchovny schildert, wie sich die Dinge anschließend im Vorsprechzimmer aus seiner Sicht zugetragen haben: »Da ich bereits wußte, daß ich die Rolle hatte, konnte ich ganz unverkrampft an die Sache herangehen. Deshalb entschloß ich mich, die Szene mit einer gehörigen Portion Sarkasmus zu spielen, die Gillian überrumpelte. Sie war völlig überrascht, daß jemand in diesem Ton mit ihr redete, und reagierte ausgesprochen ungehalten – genau so, wie sie reagieren sollte. Die Szene war einfach perfekt.«

Aber dennoch mußten erst die Repräsentanten des Senders überzeugt werden, deren Vorbehalte gegen Gillian nach wie vor bestanden. Diese Aufgabe blieb Chris Carter vorbehalten: »Nachdem Gillian und David den Raum verlassen hatten, beschloß ich, alles auf eine Karte zu setzen. Also stand ich auf und verkündete laut und deutlich, daß ich Gillian Anderson unter Vertrag nehmen wollte und für mich keine andere Schauspielerin in Frage kam.«

Carter war sich sehr wohl über das Risiko im klaren, das er in diesem Augenblick einging. Außer seiner Idee für die Serie und dem Drehbuch für den Pilotfilm hatte er nicht viel in der Hand, das es ihm erlaubt hätte, ein solches Ultimatum zu stellen. Und er wußte nur zu gut, daß schon aus geringeren Anlässen als einer solchen Machtprobe ganze Fernsehserien oder – wie in seinem Fall – eine beginnende Karriere als Regisseur und Produzent ein jähes Ende gefunden hatten. Einen endlos scheinenden Augenblick lang herrschte ein bedrückendes Schweigen in dem Raum. Doch dann verzogen sich die ernsten Mienen der Fernsehbosse zu einem Grinsen.

»Ich bekam die Rolle«, strahlt Gillian Anderson. »Und um die Wahrheit zu sagen: Ich war ehrlich überrascht, als ich es erfuhr. Nein, das stimmt nicht! Es warf mich völlig um.«

Als sie abends nach Hause kam und die eingeworfenen Werbesendungen, Rechnungen und sonstigen Briefe sortierte, wurde ihr ebenso verwundert klar, daß sie nun auch zum letzten Mal den Umschlag des Sozialhilfeschecks in ihren Händen halten würde. Bisher war sie arbeitslos gemeldet gewesen, aber das hatte jetzt ein Ende. Vor ihr stand ein Neuanfang, und zwar nicht nur in beruflicher Hinsicht.

Ihre Beziehung zu Tim Choate hatte sich schon vor längerer Zeit abgekühlt und war zwischenzeitlich vollends in die Brüche gegangen. Rückblickend betrachtet Gillian diesen Abschnitt ihres Lebens philosophisch: »Ich hätte die Beziehung natürlich schon in New Haven beenden und zurück nach New York gehen können. Aber dann wäre ich nie nach Los Angeles gekommen. Wenn ich mich also damals nicht dazu entschlossen hätte, bei meinem Freund zu bleiben, dann hätte ich auch nicht die Möglichkeit erhalten, in *Akte X* mitzuspielen.«

Da es mittlerweile nichts mehr gab, was sie an Los Angeles band, nahm Gillian die Nachricht, daß die Dreharbeiten in Vancouver, Kanada, stattfinden würden, gleichmütig entgegen. Noch ahnte sie nicht, was die nächsten zehn Monate in den North Shore Studios ihr abverlangen würden: an den Drehtagen meist fünfzehn Stunden vor der Kamera – Tag und Nacht, bei oft äußerst unangenehmen Witterungsbedingungen.

Wenn man sich vergegenwärtigt, daß Gillian Anderson vor den 1993 durchgeführten Dreharbeiten für den Pilotfilm von *Akte X* insgesamt erst dreimal bei kaum nennenswerten Filmproduktionen vor der Kamera gestanden hatte, vermag es nicht zu verwundern, daß manches auf dem Bildschirm sichtbare Zittern von ihr nichts mit der damaligen Kälte zu tun hat. »Ich weiß, was es heißt, Lampenfieber zu haben und unter Leistungsdruck zu stehen«, hob Gillian in einem Interview hervor. »Sehen Sie, ich war erst vierundzwanzig, als ich die Rolle in *Akte X* erhielt. Ich befand mich also noch immer in einer Phase meines Lebens, in der ich mich verzweifelt darum bemühte, mich selbst zu finden. Dazu kam noch der Streß der Dreharbeiten. Ich war oft nur noch ein reines Nervenbündel und wußte manchmal gar nicht mehr, was ich eigentlich tat. Ich hatte auch keine Ahnung, was es bedeutet, ein Fernsehprogramm zu machen oder einen Pilotfilm zu drehen. Ich war so naiv, daß ich einfach davon ausging, wir würden nach Abschluß der Dreharbeiten für den Pilotfilm automatisch als Serie übernommen und könnten sofort weitermachen. Ich tappte wirklich

bei vielem, was wir taten, völlig im dunkeln. Aber glücklicherweise stand mir David zur Seite. Seine Ratschläge
und die Ruhe, die er ausstrahlte, halfen mir sehr, mit all
den Aufregungen und Anspannungen fertig zu werden.«

Es war in der Tat nicht zu übersehen, daß Gillian vor
allem zu Beginn der Dreharbeiten viele Probleme hatte
und daß viele, vergleichsweise einfache Szenen mehrmals gedreht werden mußten, weil sie nicht richtig im
Licht stand oder ihren Einsatz verpaßte. »Ich sollte Dana Scully spielen, ohne mir richtig darüber klargeworden
zu sein, wer und was diese Frau eigentlich war. Dazu
kam meine eigene Unsicherheit, die teilweise fast an
Verfolgungswahn grenzte. Denn jedesmal, wenn sich
Produzent und Regisseur zusammenhockten, bereitete
ich mich innerlich darauf vor, im nächsten Augenblick
gefeuert zu werden.«

Hinzu kam ein weiteres, kaum erklärliches Problem.
Obwohl Gillian eine klassische Theaterausbildung genossen hatte, bereitete es ihr unverständlicherweise oftmals Schwierigkeiten, ihren Text zu behalten. Malcolm
Marsden – einer der Maskenbildner in der *Akte X*-Crew
– erinnert sich daran, »daß selbst der geduldige David
Duchovny hierfür kaum Verständnis aufbrachte. Er, der
schon Kinofilme gedreht hatte und in jeder Hinsicht ein
echter Profi war, beherrschte seinen Text natürlich. Aber
ich muß hinzufügen, daß er durchaus anerkannte, wie
sehr sich Gillian bemühte.«

Es dauerte nicht lange, bis dem gesamten Aufnahmeteam und allen Schauspielern klarwurde, daß die beiden
Hauptdarsteller zwei höchst unterschiedliche Charakte-

re waren, auch wenn beide Tag für Tag viele Stunden gemeinsam vor der Kamera standen. Aber gerade hierin lag einer der Schlüssel zum Erfolg und die Ursache dafür, daß beide zu einem echten Team zusammengeschweißt wurden. Jerold Freedman, der die beiden Schauspieler während der Dreharbeiten zur ersten Staffel näher kennenlernte, da er in den Folgen *Die Maschine* und *Wiedergeboren* Regie führte, beschreibt David Duchovny als jemanden, »mit dem man zu jeder Zeit über Gott und die Welt reden konnte. Gillian hingegen war stets auf ihre Rolle fixiert und immer nur damit beschäftigt, hart an sich zu arbeiten, um ihr schauspielerisches Können weiterzuentwickeln. Deshalb bemühte sie sich auch sehr darum, alle Regieanweisungen möglichst genau umzusetzen.«

Trotz mancher Startschwierigkeiten keimten in Chris Carter niemals Zweifel an der Richtigkeit seiner Entscheidung auf, Gillian Anderson für die Rolle der Dana Scully ausgewählt zu haben. Nur in einer einzigen Hinsicht bestand er darauf, eine kleine kosmetische Veränderung an seiner Hauptdarstellerin vorzunehmen, über die Gillian heute noch lachen muß: »Chris bat mich vor Beginn der Dreharbeiten, mein Muttermal mit Make-up zu verdecken. Er war offensichtlich der Ansicht, der winzige Punkt auf meiner Lippe entstelle mein ganzes Gesicht.«

Der Pilotfilm (»Gezeichnet«) handelte von mysteriösen Todesfällen Jugendlicher, für die möglicherweise Experimente von Außerirdischen verantwortlich waren. Vor diesem Hintergrund wurden der einsame Wolf Fox Mulder und die ihm gerade erst als Kollegin zugeteilte, ebenso kühle wie scharfsinnige Dana Scully als ermittelnde FBI-Spezialagenten eingeführt.

Bereits frühzeitig gewöhnte sich Gillian Anderson an die kräftezehrenden Belastungen und Unbequemlichkeiten, die die Dreharbeiten mit sich brachten und die David Duchovny auf seine trockene Art zutreffend zusammenfaßte: »Zu viele Motels, zu viele dunkle Wälder und irgendwie schien es immer mitten in der Nacht zu sein.«

Es war am Ende eines langen Arbeitstages irgendwo im Niemandsland, als nur noch eine Szene fertiggedreht werden sollte, in der Mulder und Scully in strömendem Regen auf Außerirdische stoßen. Dies bedeutete für beide Schauspieler, daß sie bereits seit Stunden dem aus einer Wasserkanone stammenden »Regen« ausgesetzt waren. Der Blick des bis auf die Haut durchnäßten, zitternden und müde wirkenden David Duchovny verriet unübersehbar, daß er die Nase voll hatte und nur noch in sein Bett wollte. Nicht so Gillian Anderson!

»Die Szene hatte tatsächlich etwas Unwirkliches an sich«, erläutert Duchovny die Situation mit seinem typischen Understatement. »Gillian stand inmitten dieser herabstürzenden Fluten, beklagte aber, daß sie noch nicht naß genug sei und noch nicht richtig friere. Dann drehte sie ihr Gesicht tatsächlich direkt in den Strahl der Wasserkanone und forderte: ›Mehr! Mehr!‹«

Gillian – die stolz darauf war, sich in guter körperlicher Verfassung zu befinden – spielte jede Action-Szene, ohne mit der Wimper zu zucken. Eine Sache war für sie jedoch absolut neu: der Umgang mit Waffen. »Am Anfang stellte ich mich sehr ungeschickt an«, gesteht sie. »Ich wußte nicht einmal, wie man eine Pistole in der Hand hält, und mußte beispielsweise mehrfach daran erinnert werden, nicht die Hand vor den Lauf zu halten.«

Aber Gillian lernte schnell. Sie lernte sogar so schnell alle Details des *Akte X*-Strickmusters kennen, daß ihr eine Szene als absolut unpassend auffiel, in der sie – nur mit Unterwäsche bekleidet – Mulders Hotelzimmer betreten sollte. Die Funktion dieser Episode bestand laut Drehbuch darin, daß Mulder auf diese Weise Gelegenheit erhielt, seltsame Rötungen auf Scullys Rücken zu entdecken, die sich dann als Moskitostiche erweisen sollten. Gillian war auf den ersten Blick vollkommen klar, daß diese freizügige Szene keinesfalls in Chris Carters Konzept paßte. »Nun gut! Diese Szene gehörte zum Pilotfilm, und ich war erst kurz dabei und wollte nicht sofort als zimperlich und prüde erscheinen. Aber es war einfach an den Haaren herbeigezogen, daß ich plötzlich – trotz aller Distanz, die sonst zwischen Mulder und Scully herrscht – sein Zimmer halbnackt betreten sollte«, erläutert Gillian ihre Bedenken. »Die verdammten Moskitostiche hätte er doch auch zum Beispiel auf meiner Schulter entdecken können.«

Doch Chris Carter war sich durchaus bewußt, wie diese Szene auf den Zuschauer wirken sollte: »Die Episode in Mulders Hotelzimmer hatte ich absichtlich in dieser provokativen Form eingebaut, um jedermann wissen zu lassen, daß das Verhältnis zwischen Mulder und Scully wirklich rein platonisch ist.«

Gillians aufkeimende Furcht, trotz aller positiven Ansätze des Drehbuchs schließlich doch nur als Betthase des männlichen Helden zu enden, erwies sich jedoch spätestens ab der zweiten Folge – mit dem Titel *Die Warnung* – als grundlos. Denn dort zieht Scully ihre Dienstwaffe und richtet sie entschlossen auf einen Sicherheitsbeamten. »Ich wollte von vornherein keine Zweifel daran aufkommen lassen, daß Scully ihrem männlichen Kollegen Mulder in jeder Hinsicht ebenbürtig ist«, erklärt Carter seinen Entschluß, Scully bereits zu einem frühen Zeitpunkt der Serie einen rauheren Ton anschlagen zu lassen. »Es schien mir wichtig, dem Publikum zu zeigen, daß Scully nicht auf Mulders starke Arme angewiesen war.«

In derselben Folge erfuhren die beiden Hauptdarsteller zudem am eigenen Leib, wie rauh auch für sie selbst die Ermittlungsarbeit in *Akte X*-Fällen aussehen konnte. »Wir wurden angewiesen, uns irgendwo auf eine Lichtung zu stellen und dann so zu tun, als ob wir gerade zwei UFOs beim Start beobachteten«, erzählt Gillian Anderson. »Es war zwei Uhr früh in dieser regnerischen Nacht, aber der Regisseur lief die ganze Zeit auf und ab und brüllte uns Anweisungen zu: ›Okay, sie heben ab und steigen in die Luft! Jetzt kommen sie auf euch zu! Ihr habt Angst! Zeigt, daß ihr Angst habt!‹ Und wir zeigten es, rannten zurück, unsere Augen die ganze Zeit auf diese imaginären UFOs gerichtet.«

Darüber hinaus lernte Gillian in dieser Folge, mit welchen technischen Problemen vor allem ein noch unerfahrener Nachwuchsschauspieler bei einer Fernsehproduktion zu kämpfen hat. »Für mich war alles neu und ungewohnt«, gestand Gillian in einem Interview und nennt eines der extremsten Beispiele: »Wußten Sie, daß 99,9 Prozent aller Szenen keinesfalls in der am Bildschirm gezeigten, zusammenhängenden Folge, sondern unabhängig voneinander gedreht werden? Wenn man das Drehbuch studiert und schließlich vor die Kamera tritt, muß man als Schauspieler also genau vor Augen haben, in welcher Handlungssequenz und in welcher psychischen oder sonstigen Situation sich alle beteiligten Akteure gerade befinden.«

Auch nachdem die Dreharbeiten für die Folgen der ersten Staffel längst begonnen hatten, mußten sich Chris Carter und seine Mannschaft noch immer mit ihren Geldgebern auseinandersetzen, ob und in welchem Umfang die Fernsehzuschauer in das Liebesleben von Spezialagentin Dana Scully eingeweiht werden sollten. Carter konnte sich erneut gegen derartige kurzlebige Versuche, die Einschaltquoten hochzutreiben, durchsetzen, so daß es bei der bisherigen Marschroute blieb. Scully trat also nach wie vor nur in dienstlicher Hinsicht in Erscheinung. Allen anderslautenden Erwartungen wurde in der fünften Folge – einem eher schwachen Aufguß der ohnehin angestaubten Bigfoot-Legende – eine endgültige Absage erteilt. Denn dort gestattet *Der Teufel von Jersey* der FBI-Agentin ein letztes Rendezvous, bevor sie schließlich einsehen muß, daß demjenigen, der sich auf Mulders mysteriöse Welt einläßt, für nichts anderes mehr auf dieser Welt Zeit bleibt.

»Sicher wäre es auch interessant gewesen, Scully

außerdienstlich als Privatperson zu erleben«, räumt Gillian Anderson ein. »Aber ich bin dennoch davon überzeugt, daß es im speziellen Fall von *Akte X* durchaus sinnvoll ist, diese Bereiche nicht zu thematisieren. Schon deswegen nicht, weil angesichts des dichten Handlungsgeschehens in jeder Folge gar nicht genug Platz für derlei Privates bleibt. Man müßte sicher etwa zwanzig Minuten zusätzlich pro Folge rechnen, wollte man dem Privatleben Scullys und auch Mulders angemessen Rechnung tragen. Doch diese Zeit steht einfach nicht zur Verfügung. Also läßt man es besser ganz.«

Akte X feierte am 10. September 1993 Premiere. Angesichts der Tatsache, daß die Fernsehgesellschaft über weniger Sendestationen verfügte als konkurrierende Unternehmen, war es nicht weiter verwunderlich, daß die Einschaltquoten zunächst eher bescheiden ausfielen. Dennoch erhielt die Serie einen vorteilhaften Programmplatz und wurde fortan Freitag abends ausgestrahlt. Zwar genoß Gillian Anderson, die einem größeren Publikum zuvor unbekannt gewesen war, ihren Zuwachs an Popularität, sie tat sich jedoch schwer, sich vor der Kamera an die eher zurückhaltende Haltung zu gewöhnen, die von einer so expressiven Schauspielerin wie ihr verlangt wurde. »Emotionen ständig hinter einer ausdruckslosen Maske aus nüchterner Sachlichkeit verstecken zu müssen, widersprach zunächst meinem schauspielerischen Selbstverständnis, auch wenn eine solche Haltung im Einklang mit der düsteren und beklemmenden Welt der *Akte X*-Fälle stand«, erklärt sie ihre Anpassungsprobleme während der Dreharbeiten für die erste Staffel. »Aber ich glaube, David und ich haben das uns abverlangte Understatement mittlerweile so verinnerlicht und perfektioniert, daß es zu einem nicht mehr wegzudenkenden Markenzeichen der Serie geworden ist.«

Es ist jedoch keinesfalls so, daß den beiden Hauptdarstellern niemals abverlangt wurde, auch emotionale Extremzustände darzustellen, wie das folgende Beispiel zeigt. So richteten Mulder und Scully in der Folge mit dem Titel *Eis* als Höhepunkt einer schockierenden Ausnahmesituation gegenseitig ihre Waffen aufeinander, als sie sich – abgeschnitten von der Außenwelt – in einer arktischen Forschungsstation einem fremdartigen und möglicherweise tödlichen Parasiten ausgeliefert sehen, der sie zu befallen droht. »Diese Folge markierte so etwas wie einen Wendepunkt für David und mich«, kommentiert Gillian Anderson. »Die ganze Episode wurde von einer panikartigen Grundstimmung geprägt, die uns Schauspieler vor eine interessante Herausforderung stellte. Das Ganze spitzte sich zu einem Konflikt zwischen Mulder und Scully zu. Während er diesen fremdartigen Parasiten am Leben erhalten will, um ihn untersuchen zu können, besteht sie darauf, ihn kurzerhand zu vernichten. In dieser Szene wird die Beziehung zwischen beiden einer wirklich harten Prüfung unterzogen.«

Eine harte Prüfung für Gillian bedeuteten auch die ständigen Action-Szenen, die ihr in den *Akte X*-Fällen abverlangt wurden: In beinahe jeder Folge muß Spezialagentin Scully hinter jemandem her- oder vor jemandem davonrennen, ihre Waffe benutzen und sich auch sonst harten körperlichen Herausforderungen stellen. So erinnert sich Gillian daran, am Ende eines besonders anstrengenden und turbulenten Drehtages »alle denkbaren Schattierungen an blauen Flecken« an ihrem Körper entdeckt zu haben.

Etwa zur Mitte der ersten Staffel kristallisierte sich langsam heraus, daß die Drehbuchautoren zu wahren Fans der weiblichen Hauptdarstellerin geworden waren und zunehmend Aufmerksamkeit darauf verwandten, in jede Folge einzelne Szenen einzubauen, in denen Gillian alle Register ihrer Schauspielkunst ziehen konnte: So verrät Scully zum Beispiel in *Feuer* Ansätze von Eifersucht, als Mulder eine alte Freundin wiedersieht; in *Die Botschaft* muß sie nicht nur mit der Trauer um ihren verstorbenen Vater fertig werden, sondern gleichzeitig auch mit einem Serienmörder; und in der gruseligen Folge *Verlockungen* wird sie beinahe von einem Außerirdischen vergewaltigt, der in der Lage ist, seine Gestalt zu verändern.

Mit ihrer zunehmenden Bedeutung für die Serie wuchs natürlich auch Gillian Andersons schauspielerisches Selbstbewußtsein. Das beweist eine Äußerung von ihr kurz nach dem Ende der Dreharbeiten für die Folge *Lazarus,* in der ein früherer Liebhaber Scullys getötet wird, bald darauf aber aus dem Jenseits zurückkehrt, und in der Scully zum ersten Mal entführt wird: »Als ich die Rolle in *Akte X* übernahm, bin ich zunächst einfach nur ins kalte Wasser geworfen worden. Seitdem ich jedoch weiß, wie der Hase läuft, habe ich sicherlich das Meinige dazu getan, Scully auch ein wenig zu verändern und reifen zu lassen.«

Da ein Großteil der gesamten Dreharbeiten in vergleichsweise abgeschiedenen Regionen Kanadas erfolgte, blieb es nicht aus, daß Schauspieler und Aufnahmeteam zu einer Art großen Familie zusammenwuchsen und auch die ohnehin spärliche Freizeit miteinander verbrachten. Allerdings dürfte Gillian wohl kaum geahnt haben, was sich aus der kurzen Unterhaltung ergeben würde, die sie eines Tages mit Errol Clyde Klotz, einem Mitarbeiter des Produktionsstabes, führte.

Aus dem zunächst nur recht banalen Gespräch über alltägliche Dinge entwickelte sich – so Klotz – rasch mehr als nur eine oberflächliche Freundschaft: »Gillian war und ist eine sehr geistreiche und anregende Gesprächspartnerin. Das spürte ich sofort. Und wir beide bemerkten ebenfalls sehr schnell, daß wir uns irgendwie verbunden und zueinander hingezogen fühlten. Es schien uns von Anfang an so, als würden wir uns schon lange kennen und hätten uns jetzt wie zwei alte Bekannte wiedergetroffen.«

Es dauerte nicht lange, und beide verbrachten jede freie Minute miteinander. Vor allem Gillian aber verfügte als Hauptdarstellerin, die sich ständig in der Tretmühle der Dreharbeiten befand, kaum über nennenswerte Freizeit. Es geschah nicht selten, daß sie und David Duchovny am Freitag die Arbeit an einer Folge beendet hatten, abends jedoch bereits das Drehbuch für die nächste Folge in die Hand gedrückt bekamen, um es bis zum darauffolgenden Montag auswendig zu lernen.

Nicht nur Gillian Andersons reales Liebesleben erhielt in jener Zeit neue Impulse, sondern auch Scullys, denn wieder wurde in der Öffentlichkeit und in der Presse das Thema aufgewärmt, wann sie und Mulder endlich privat zu Partnern würden. Auslöser für diese erneute Diskussion war in erster Linie die in *Der Teufel von Jersey* gefallene Entscheidung Scullys, alle persönlichen Dinge hinter ihre berufliche Zusammenarbeit mit Mulder zurückzustellen. Chris Carter analysiert auf philosophische Weise die mit diesem Entschluß erfolgte Weichenstellung für alle späteren Folgen: »Scully demonstrierte in der Folge nichts anderes als die Lebensweisheit, daß jeder Mensch sich im Laufe seines Lebens an einigen kritischen Punkten dafür entscheiden muß, welchen zukünftigen Weg er gehen will.«

Doch Scullys symbolische Befreiung von allen privaten Bindungen wurde von der Fernsehnation vor allem als Hinweis darauf verstanden, daß Mulder fortan nicht nur beruflich im Mittelpunkt ihres Lebens stehen würde. »Aber das ist nun einmal nicht der Kurs, den die Serie einschlägt«, widersprach 1994 eine Gillian Anderson, die es sichtlich müde war, derartige Spekulationen immer wieder korrigieren zu müssen. »*Akte X* konzentriert sich ganz und gar auf die Fälle, in denen Mulder und Scully ermitteln, und damit auf die rein berufliche Zusammenarbeit der beiden. Ließen wir es zu, daß die beiden ein Liebespaar werden, würden wir das grundlegende und überaus erfolgreiche Konzept der Serie unterhöhlen, und früher oder später würde alles den Bach hinuntergehen. Alle sind daher sehr bemüht, das Verhältnis zwischen uns platonisch zu halten.«

Diese Auffassung teilt auch David Duchovny. Bei einem Interview während der Dreharbeiten für die erste Staffel erklärte er, daß das von den Zuschauern und Kritikern gewürdigte intellektuelle Niveau der Serie nur gehalten werden könne, solange Mulder und Scully zwar den Schreibtisch, nicht aber das Bett teilten. »Mit ein paar Bettszenen lockt man doch heute keinen Hund mehr hinter dem Ofen hervor. Aber eine aufrechte Freundschaft und eine ausgesprochen professionelle Zusammenarbeit zwischen Mann und Frau darzustellen, das ist eine wirklich interessante und spannende Angelegenheit, die es im Fernsehen in dieser Form noch nie gegeben hat. Doch dafür fehlten den Fernsehbossen anfangs das Verständnis und der Mut. Es spricht Bände, daß diese Herren damals dem Drehbuchautor James Wong nur eine einzige Frage stellten: ›Wann gehen Mulder und Scully miteinander ins Bett?‹ Glücklicherweise erwiderte unser Produzent Howard Gordon, daß die Zuschauer darauf bis zum Sankt-Nimmerleins-Tag warten müßten. Natürlich sollen die beiden Hauptfiguren Respekt und auch Sympathie füreinander empfinden. Aber deswegen müssen sie doch nicht gleich ein Liebespaar sein! Nein, ich bin sicher, eine solche Wendung würde das ›Aus‹ für *Akte X* bedeuten.«

Quasi als Ersatz für die fehlenden sexuellen Spannungen erlebte Scully statt dessen andere Formen von Nervenkitzel und emotionalen Höhen und Tiefen. So zum Beispiel in der Folge *Der Wunderheiler,* in der die gewöhnlich kühl und rational analysierende Scully mit ihren eigenen medialen Fähigkeiten konfrontiert wird.

»Seit einiger Zeit erscheint Scully manchmal in ganz anderem Licht«, bestätigt Gillian Anderson und betont gleichzeitig, daß es für sie – die an das Unglaubliche glaubt – noch immer schwierig ist, die stete Skeptikerin zu spielen. »Es ist allerdings faszinierend, eine Person darzustellen, die all das, wovon sie stets überzeugt war, plötzlich durch eigene Erfahrungen in Frage gestellt sieht.«

Auch nach Abschluß der Dreharbeiten bietet die Rolle der Scully stets noch genügend Neues, um alles andere als Langeweile bei Gillian aufkommen zu lassen: »Das hängt nicht zuletzt damit zusammen, daß ich in jeder Folge immer wieder schauspielerisches Neuland betrete. Ich kann zwar auf eigene Erfahrungen zurückgreifen, wenn es darum geht, eine wütende oder ängstliche Scully zu spielen. Aber ich verfüge über keinerlei eigene Erfahrung, was den Umgang mit Außerirdischen oder mit Serienmördern betrifft, die ständig ihre äußere Gestalt verändern können. Hierbei bin ich auf meine Phantasie angewiesen. Darüber hinaus gibt es aber noch weitere Dinge, die mich daran hindern, unter Langeweile zu leiden. Zum Beispiel verlangen die Dialoge in den Drehbüchern sehr viel Aufmerksamkeit von mir, zumal sie oft technische Sachverhalte betreffen, die schwer zu lernen und noch schwerer verständlich wiederzugeben sind.«

Doch der Reiz, sich ständig wechselnden schauspielerischen Herausforderungen zu stellen, resultiert vor allem aus den beinahe allwöchentlichen Veränderungen, denen Scully unterworfen ist und die ständig neue Charakterzüge an ihr deutlich werden lassen, so zum Beispiel in *Der Kokon, Ein neues Nest, Wiedergeboren* oder *Roland*. Angesichts der normalen Einschränkungen, unter denen die Darstellerin einer Serienfigur gewöhnlich leide, habe Gillian daher wahrhaft das große Los gezogen. »Wie im wirklichen Leben entwickelt sich nicht nur Scully selbst, sondern auch ihr Verhältnis zu Mulder jeden Tag weiter. Das ist ein ganz natürlicher Prozeß. Dabei könnte die gewisse unterschwellige Spannung zwischen ihr und Mulder einem Film der vierziger Jahre entstammen«, erklärt Gillian. »Wenn man nur genau genug hinschaut, kann man feststellen, daß Scully und Mulder viele ausgesprochen intime Dinge tun. Deren Reiz besteht auch für den Zuschauer aber gerade darin, daß beide nicht miteinander ins Bett gehen. In dem Fall besäße es auch keinerlei Pikanterie, wenn beide sich an der Hand nehmen oder sich sonstwo berühren.«

Gillians ernster Ton weicht einem heiteren Lachen, als der Interviewer sie danach fragt, ob Scully zumindest schon einmal in Gedanken in Mulder mehr als nur einen Kollegen gesehen hat. »Ich bin mir sicher, daß es Augenblicke gab, in denen Scully ihren Partner ausgesprochen charmant und anziehend fand. Aber ich weiß wirklich nicht, ob sie sich ihn zum Beispiel jemals nackt vorgestellt hat.«

Selbst in ihren kühnsten Träumen hätten sich die Produzenten der Serie kein ausgeglicheneres und harmonischeres Verhältnis vorstellen können als das, welches zwischen Gillian Anderson und David Duchovny hinter der Kamera besteht. Dabei hatten alle vermutet, daß Duchovnys trockener Humor und sein sehr ruhiges und zurückhaltendes, manchmal beinahe mürrisch wirkendes Wesen geradezu zwangsläufig in Kollision mit Gillians Enthusiasmus, ihrem Temperament und ihrer zum Teil beinahe kindlichen Naivität geraten mußten. Zudem war er bereits ein gestandener Schauspielprofi, während ihr anfangs noch zahlreiche Anfängerfehler unterliefen. Von daher schienen Streit und Ärger vorprogrammiert. Aber gerade vor dem Hintergrund derartiger Erwartungen fiel es der gesamten *Akte X*-Mannschaft um so mehr auf, daß schon während der ersten Drehfolgen zwischen den beiden Hauptdarstellern ein immer stabiler werdendes Band gegenseitiger Anerkennung und Sympathie erkennbar wurde. Auch die Tatsache, daß beide ab den Dreharbeiten für die zweite Staffel oft nur noch wenige Worte miteinander wechselten, sollte nicht zu falschen Schlußfolgerungen verleiten. Denn in einem eingespielten Team, in dem man mit dem jeweiligen Partner so respektvoll, konzentriert und freundschaftlich umgeht, wie es die beiden tun, braucht man nicht viele Worte zu verlieren. Das bestätigt auch Kostümbildnerin Gillian Kieft, die die Charaktere beider Darsteller genau kennt: »So wie sich Mulder und Scully auf dem Bildschirm präsentieren, so geben sich David und Gillian im wirklichen Leben. Beide helfen einander, wo sie können, und behandeln den anderen mit Achtung und Respekt.« Und dieses harmonische Miteinander resultiert nicht zuletzt aus dem Umstand, daß beide Darsteller nach Drehschluß getrennte Wege gehen. »Nein, wir verbringen die Abende nicht miteinander«, gestand David Duchovny 1995 in einem Interview. »Gillian und ich wissen nur zu gut, daß jeder von uns ein bißchen Freiraum für sich braucht, weil wir bei dem enormen Leistungsdruck, unter dem wir stehen, ständig Gefahr laufen, einen Nervenzusammenbruch zu erleiden. Ich weiß inzwischen ganz genau, wann Gillian müde und gereizt ist, und auch sie weiß, wann ich an meinem kritischen Punkt angelangt bin. Also machen wir das Beste daraus und akzeptieren gegenseitig unsere Grenzen.«

Dennoch wollten die Gerüchte nicht abreißen, daß beide privat ein Verhältnis miteinander hätten, auch als längst bekannt war, daß Gillian Anderson ein Verhältnis mit Errol Klotz hatte. Doch auch in diesem Fall zogen beide Hauptdarsteller an einem Strang und dementierten gemeinsam jede Unterstellung. Schließlich machten sich Gillian und David keine Illusionen darüber, daß Chris Carter sie ohne zu zögern feuern würde, falls sich das Gerücht irgendwann als wahr bestätigen sollte und auf diese Weise die auf dem Bildschirm sorgsam aufgebaute Beziehung von Mulder und Scully gefährdet werden könnte – auch wenn das das Ende von *Akte X* bedeutet hätte.

Abgesehen von derartigen Randerscheinungen, bescherte vor allem der unglaublich schnelle Reifungsprozeß, den Gillians schauspielerische Fähigkeiten durchliefen, selbst alten Skeptikern eine große Überraschung. Vor allem David Nutter, der in nicht weniger als vierzehn Folgen die Regie führte, kann sich darüber ein Urteil erlauben: »Noch heute kann ich kaum glauben, in welch kurzem Zeitraum Gillian derart gewaltige Fortschritte gemacht hat. Ich habe wirklich mit großer innerer Anteilnahme verfolgt, wie sie vor allem in Szenen brillierte, in denen es um die Darstellung von Gefühlen ging. Sie hat die große Gabe entwickelt, einfach absolut überzeugend und glaubwürdig zu wirken.«

Ebenso schnell wie ihr schauspielerisches Können entwickelte sich auch Gillians Beziehung zu Errol Klotz. Doch selbst sie, die in vielen *Akte X*-Fällen große Erfahrungen mit übersinnlichen Phänomenen gesammelt hatte, war nicht auf die persönliche Überraschung gefaßt, mit der sie auf einer im Jahre 1993 veranstalteten Party konfrontiert wurde. Auf der Feier – die aus Anlaß des sich immer deutlicher abzeichnenden Erfolgs der Serie von der Fernsehgesellschaft veranstaltet wurde – begegnete Gillian der professionellen Wahrsagerin Debi Becker, die ihr nach einigen belanglosen Fragen prophezeite, daß sie bald eine Tochter bekommen würde.

Gillian reagierte nach eigener Aussage keinesfalls schockiert, sondern widersprach nur sehr entschieden: »Nein, das ist völlig ausgeschlossen. Schließlich stehe ich unter Vertrag und muß meine Arbeit tun.«

Einige Zeit später – genauer: nach einer Verlobungszeit, die Gillian Anderson rückblickend mit »mehr als eine Woche, aber kürzer als ein Monat« angibt – flogen sie und Errol Klotz nach Hawaii und heirateten dort am Neujahrstag 1994, und zwar auf recht ungewöhnliche Weise. »Ich war zuvor schon einmal verlobt gewesen und hatte mit meinem damaligen Partner nach einem feierlichen Essen die Ringe getauscht. Das ganze Drumherum hatte mir allerdings nicht sehr gefallen«, beginnt Gillian, möglicherweise auf ihre Zeit mit Tim Choate anspielend. »Diesmal war alles so herrlich einfach und unkompliziert. Das einzige Problem bestand darin, daß wir uns spontan zur Heirat entschlossen hatten, aber keinen Geistlichen zur Hand hatten, der die Ehe schließen konnte. Da sahen wir diesen kleinen buddhistischen Tempel am Ende der Straße, auf der wir uns gerade befanden. Also machten wir uns auf den Weg und sprachen mit dem dortigen Mönch, der ein sehr freundlicher Mann war. Er fuhr mit uns daraufhin zu einem Golfplatz und führte uns dort zu einem wunderschönen Fleckchen Erde, das direkt am Meer lag. Genau an der Stelle – das heißt am siebzehnten Loch des Golfplatzes – vollzog der buddhistische Mönch die Zeremonie, an der nur er, Errol und ich beteiligt waren.«

Möglicherweise zeugte das frisch vermählte Paar bereits in der Hochzeitsnacht das Kind. Gillian bemerkte jedoch erst zwei Monate später erste Anzeichen dafür, daß sie schwanger war. »Es war schon verrückt«, gestand sie in einem 1995 geführten Gespräch. »Ich ertappte mich plötzlich dabei, daß ich unbewußt irgendwelche Strichzeichnungen aufs Papier kritzelte. Zunächst konnte ich mir selbst überhaupt keinen Reim darauf machen. Später stellte ich jedoch fest, daß ich Embryos gezeichnet hatte.« Anfangs dachte Gillian, daß die Übelkeit, unter der sie plötzlich litt, lediglich die Folge körperlicher Erschöpfung oder aber einer Grippewelle war, die von Zeit zu Zeit das *Akte X*-Team heimsuchte.

Da sie nicht die Möglichkeit in Betracht zog, schwanger zu sein, setzte Gillian natürlich auch die tagtäglichen

Dreharbeiten fort, nicht ahnend, daß sie auf diese Weise die Gesundheit ihres Babys hohen Risiken aussetzte. Die stundenlangen Aufnahmen und der mit ihnen verbundene körperliche Streß bedeuteten eine ständige Gefahr für Mutter und Kind. Noch heute erinnert sich Gillian nur mit Schaudern an die Aufnahmen für die Folge *Ewige Jugend*. »Wir drehten damals einige Szenen, in denen ein Serienmörder auf mich schoß und ich mich mehrmals nach hinten auf meinen Rücken fallen lassen mußte. Dabei verfehlte ich einmal nur sehr knapp eine Marmorsäule, die mir sicherlich eine ernsthafte Verletzung beigebracht hätte. Was Piper dabei hätte passieren können, ist gar nicht auszudenken. Aber ich hatte damals keinen Schimmer, daß ich bereits schwanger war.«

Auch als *Das Labor* – die letzte Folge der ersten Staffel – gedreht wurde, war Gillian noch immer ahnungslos. Dennoch glaubt sie rückblickend, daß die Schwangerschaft nicht ohne Einfluß auf ihre schauspielerischen Darbietungen blieb: »Ich hatte damals plötzlich unerklärliche Schwierigkeiten, mich in meine Rolle hineinzufinden. Heute weiß ich, daß viele schwangere Frauen eine Identitätskrise durchmachen. Genau das scheint auch bei mir der Grund dafür gewesen zu sein, daß ich auf einmal nicht mehr in der Lage war, Scully so überzeugend darzustellen, wie ich es immer getan hatte.«

Natürlich kann sich Gillian auch noch sehr genau an den Augenblick erinnern, als sie endlich erfuhr, was die Stunde geschlagen hatte: »Es war ein Schock für mich! Mein erster Gedanke war nur, daß dies das Ende meiner Karriere bei *Akte X* bedeutete. Schließlich bestand Scul-

lys Aufgabe darin, Verbrecher und Außerirdische zu jagen. Aber wie sollte ich diese Rolle noch spielen können,
wenn ich erst einmal dick und aufgebläht wie eine Kugel
sein würde und kaum noch imstande wäre, sicher auf
meinen Füßen zu stehen?«

Während Gillian darüber nachdachte, was sie tun sollte, mußte sie unwillkürlich daran denken, was alles innerhalb der letzten zwölf Monate geschehen war: aus einer arbeitslosen Nachwuchsschauspielerin war der weibliche Star einer erfolgreichen Fernsehserie geworden –
und eine Mutter! »Ich hatte immer nur in den Tag hinein gelebt und nie zuvor in meinem Leben einen Gedanken daran verschwendet, was ein Jahr später vielleicht sein würde. Schlagartig wurde mir klar, daß ich
dafür jetzt die Rechnung präsentiert bekam.«

Die Schauspielerin schleppte ihr Geheimnis einige
Tage mit sich herum, ohne jemanden – außer natürlich
ihren Mann – einzuweihen. Daß sie in dieser Zeit ungewöhnlich zerstreut und in sich gekehrt wirkte, deute-
ten ihre Kollegen zunächst nur als eine des öfteren auf-
tretende Folge des Stresses durch die Dreharbeiten.
Aber in Gillians Innerem brodelten im Widerstreit stehende Überlegungen, Gefühle und Ängste. Natürlich
fürchtete sie sich davor, Chris Carter reinen Wein ein-
zuschenken. Immerhin hatte er Kopf und Kragen riskiert, als er sich trotz immenser Widerstände dafür
eingesetzt hatte, sie für die Rolle der Scully zu engagieren. Sie konnte sich nur allzugut vorstellen, wie er reagieren mußte, wenn er jetzt erfuhr, wie die Dinge
standen. Aber trotz aller Befürchtungen verspürte sie

den dringenden Wunsch, jemanden in ihr Geheimnis einzuweihen.

Gillian rang sich schließlich zu einem Entschluß durch und machte sich in einer längeren Drehpause auf den Weg zu David Duchovnys Wohnwagen. Ihr Filmpartner hatte zuvor zwar ein wenig müde gewirkt, und beide hatten zudem noch eine ganze Reihe verschiedener Kameraeinstellungen vor sich, so daß der Zeitpunkt alles andere als günstig gewählt war. Aber für Gillian gab es kein Zurück mehr: jetzt oder nie!

Nachdem sie an Davids Tür geklopft hatte, öffnete er und bat sie lächelnd zu sich herein. Zuerst vermutete er, daß sie – wie üblich – gekommen war, um mit ihm einige Drehbuchänderungen zu besprechen. Der Ausdruck in ihren Augen verriet ihm jedoch, daß es etwas Wichtigeres sein mußte, das Gillian zu ihm geführt hatte.

»David ... ich bin schwanger«, brachte sie nur zögernd über die Lippen.

»Oh, mein Gott!«

»Er wurde richtig blaß«, erinnert sich Gillian an jenen Augenblick, »und ich hatte das Gefühl, daß ihm die Knie zitterten.«

Es folgte ein Moment scheinbar endlosen Schweigens. Dann fragte David mit einem Ausdruck in der Stimme, der Gillian von Mulder her vertraut war: »Freust du dich auf das Kind?«

Sie dachte einen Augenblick lang nach, bevor sie ihn mit einem wehmütigen, aber sehr entschlossenen Blick ansah.

»Ja, ich freue mich auf mein Kind.«

6

Mutterschaftsurlaub
...oder auch nicht...

Gillian Anderson verließ David Duchovnys Wohnwagen und schlenderte langsam zurück zum Set, wo die Dreharbeiten bald wieder fortgesetzt werden sollten. Sie grüßte lächelnd bald dieses, bald jenes vertraute Gesicht, sich innerlich fragend, wie sie alle die Nachricht wohl aufnehmen würden. Wie erwartet, hatte sich David als guter Freund erwiesen, der ihr Trost und Halt gegeben hatte. Aber auf seine ruhige Weise hatte er ihr auch nachdrücklich klargemacht, daß sie umgehend Chris Carter informieren müsse.

Gillian benötigte jedoch noch mehrere Wochen, bis sie sich zu diesem Schritt durchringen konnte. Da außer ihm nur Clyde Klotz eingeweiht war, blieb es in der Zwischenzeit David Duchovny vorbehalten, sich nach ihrem Gesundheitszustand zu erkundigen und sie wiederholt zu einem offenen Wort gegenüber Carter zu drängen. Aber Gillian schob diesen Zeitpunkt immer wieder hinaus, weil sie – je mehr sie die Lebenszeichen ihres Kindes in sich spürte – in Panik verfiel. Dessenungeachtet stand für sie jedoch fest, daß sie ihrer inneren Stimme folgen mußte. »Als ich erfuhr, daß ich schwanger war, reagierte ich zunächst schockiert. Doch mir kam nie in den Sinn, mein Kind abtreiben zu lassen«, erklärte Gillian in einem Interview, das sie kurz nach der Geburt ihrer Tochter gab. »Ich war mir durchaus des Risikos bewußt, das ich mit dem Entschluß auf mich nahm, mein Kind zu bekommen. Ich wußte, daß er mich höchstwahrscheinlich sogar meinen Job kosten würde. Und falls es mir wider Erwarten doch gelingen sollte, ihn zu behalten, dann würde ich mir wahrscheinlich sogar wünschen, ihn lieber verloren zu haben, weil ein schneller Rauswurf immer noch besser wäre, als all die Konfrontationen durchzustehen, die ich vor mir hatte.«

Auch Gillians Mann Clyde Klotz reagierte zunächst wie vom Donner gerührt, als er wie aus heiterem Himmel erfuhr, Vaterfreuden entgegenzusehen. Doch stellte sich bei ihm nach dem ersten Schreck ebensoschnell wie bei Gillian der Wunsch ein, daß sie das Kind zur Welt brachte. Allerdings beobachtete er mit Sorge, wie sich seine Frau über die möglichen Konsequenzen ihrer Schwangerschaft das Hirn zermarterte: »In den ersten Tagen, nachdem das Untersuchungsergebnis des Arztes wie eine Bombe bei uns eingeschlagen hatte, saßen wir meist nur sprachlos beisammen oder fragten uns, wie das *Akte X*-Team die Nachricht aufnehmen würde. Mir war klar, daß Gillian schlimmste Befürchtungen hegte, auch wenn sie keine Frau ist, die über ihre Ängste redet.«

Natürlich zerbrach sich Gillian den Kopf darüber, wie sie zwei scheinbar unvereinbare Dinge zusammenbringen konnte. Einerseits war sie fest dazu entschlossen, ihr Kind zu bekommen; andererseits war sie keineswegs gewillt, die *Akte X*-Crew im Stich zu lassen, kaum daß die Dreharbeiten für die alles entscheidende zweite Staffel vor der Tür standen. Bisher war es zwar gelungen, einen Achtungserfolg im Feld gelungener Sciene-fiction-Pro-

duktionen zu landen, doch die Einschaltquoten bewegten sich noch im unteren Bereich der Zuschauergunst.
Natürlich konnte sie ihre Schwangerschaft nicht auf
Dauer geheimhalten. Nach Gillians Berechnung würde
sie spätestens bei den Dreharbeiten für die achte Folge
der zweiten Staffel eine ausgesprochen rundliche FBI-
Agentin abgeben. Aber halt: Sie durfte nicht den zweiten
Schritt vor dem ersten tun. Zuerst mußte sie in den sauren Apfel beißen und Chris Carter informieren. Schließlich lag die Entscheidung über ihre weitere Zukunft allein in seinen Händen.

Die Berichte darüber, wie Chris Carter reagierte, als Gillian Anderson die Bombe platzen ließ, unterscheiden
sich sehr. Immerhin gibt es aber mehr als eine Version,
denen zufolge Carter förmlich ausgerastet sein soll. Gillians zurückhaltende Äußerungen zu dieser Frage geben
jedenfalls kaum Aufschluß: »Nun ja, natürlich war auch
er schockiert. Ich hatte auch nicht erwartet, daß er allzu
glücklich über meine Mitteilung sein würde.«
    Einige Quellen – die namentlich nicht genannt wer-
den wollen, aber dem Kreis des Produktionsteams an-
gehören – erklärten, daß Carter in die Luft gegangen sei
und Gillian gedroht habe, ihren Vertrag fristlos zu kün-
digen. Als diese Gerüchte jedoch an das Ohr des geistigen Vaters der Serie gelangten, beeilte er sich, klare Ver-
hältnisse zu schaffen: »Das sind alles nur vollkommen
frei erfundene Lügen. Ich habe nicht einen Augenblick
lang daran gedacht, Gillian Anderson zu feuern.«
    Aber verständlicherweise fühlte sich Chris Carter

angesichts der Offenbarung seiner Hauptdarstellerin »überrumpelt und auch ein bißchen enttäuscht«. Er zauderte jedoch nicht lange und setzte sich mit ihr zusammen, um darüber zu beraten, wie lange und in welcher Form die Dreharbeiten auch während ihrer Schwangerschaft fortgesetzt werden könnten, ohne das Konzept und den Erfolg von *Akte X* zu beeinträchtigen.

»Als bekannt wurde, daß Gillian ein Kind erwartete, waren die Drehbücher für die Folgen, die in die Zeit fielen, in der sie hochschwanger sein würde, noch nicht geschrieben. Also hatten wir noch Gelegenheit, unsere Planung auf die neue Sachlage einzustellen«, erklärte Carter 1995 in einem Interview. »Allerdings waren die Probleme, vor die wir uns plötzlich gestellt sahen, enorm und zum Teil kaum zu überblicken. Aber darin besteht nun einmal die Hauptaufgabe, mit der sich Produzenten und Drehbuchautoren auseinandersetzen müssen: Probleme lösen.«

Für Produzent Howard Gordon war die Situation keineswegs neu. Bei einem seiner früheren Fernsehprojekte – *Beauty and the Beast* – hatte er schon einmal vor der Aufgabe gestanden, die Schwangerschaft der Darstellerin Linda Hamilton in die Serie hineinzuschreiben. »Im nachhinein glaube ich, daß es damals falsch war, bei Linda so zu verfahren«, gesteht Gordon (Linda Hamiltons Schwangerschaft war als Teil der Handlung umgesetzt worden, nur um die Figur der Katherine samt des neugeborenen Kindes dann aus der Serie zu streichen). »Aber bei Gillian blieb uns kaum eine andere Wahl. Auf jeden Fall hatte sie uns mit ihrer Nachricht eine wirklich harte Nuß zu knacken gegeben.«

Bereits während sich Carter, Gordon und die übrige Führungsclique fieberhaft damit beschäftigten, wie sie Gillian Andersons Schwangerschaft und die anstehenden Dreharbeiten unter einen Hut bringen sollten, bekamen die Medien Wind von der ganzen Geschichte. Daraufhin blieb es nicht aus, daß Zeitungen, Fernseh- und Rundfunksendungen Meldungen verbreiteten, denen zufolge die Bosse der Fox-Fernsehgesellschaft vor Wut schäumten und auf Chris Carter Druck ausübten, Gillian hinauszuwerfen und die Rolle der Scully mit einer anderen Schauspielerin zu besetzen. Als Carter, der ansonsten eher gelassen und ruhig auftritt, von diesen Behauptungen erfuhr, platzte ihm regelrecht der Kragen: »Ein großer Teil des Erfolgs, den eine Fernsehserie hat, beruht darauf, daß sich die Zuschauer mit den Hauptdarstellern identifizieren. Besetzt man daher – aus welchen Gründen auch immer – eine Hauptrolle um, bedeutet das ein untragbares Risiko für die gesamte Produktion. Vor diesem Hintergrund erkläre ich hier und jetzt in aller Deutlichkeit, daß die führenden Köpfe der Fox-Fernsehgesellschaft niemals versucht haben, mich zu einer Neubesetzung von Scully zu bewegen.«

Doch wenn sich Chris Carter auch größte Mühe gab, alle anderslautenden Gerüchte und Meldungen zu dementieren, waren er und sein Team bisher bei dem Versuch gescheitert, einen gangbaren Weg für die Fortsetzung der Dreharbeiten zu finden. Diese bedrückende Unsicherheit blieb nicht ohne Auswirkungen auf den ohnehin angeschlagenen Zustand Gillians, die mittlerweile unter den für eine werdende Mutter obligatorischen körperlichen Beeinträchtigungen wie Übelkeit und Schlafstörungen litt. »Während ich mich damals nach wie vor auf das Kind freute, spürte ich andererseits starke Beklemmungen, wenn ich an das große Fragezeichen hinter meiner weiteren beruflichen Zukunft dachte«, erklärte sie nach der Geburt ihrer Tochter. »Meine Schwangerschaft bereitete nicht nur einer ganzen Reihe von Leuten erhebliche Kopfschmerzen, sondern natürlich auch mir. Möglicherweise würde die Serie auch ohne mich erfolgreich fortgesetzt werden. Oder sie würde vielleicht ein abruptes Ende finden – so wie meine eigene Karriere. Kurzum: Es war wirklich eine harte Zeit für alle, die mit der Frage zu tun hatten, ob Scully neu besetzt werden sollte oder nicht … Ich jedenfalls stellte mich innerlich auf jede denkbare Variante ein und wappnete mich gegen das drohende K.o., mit dem ich rechnen mußte. Aber die Entscheidung, mein Kind zur Welt zu bringen, stand für mich nicht einen Moment lang zur Diskussion.«

Der Druck auf alle Beteiligten wuchs mit jedem Tag, denn der Termin rückte unerbittlich näher, an dem die Drehbücher für die zweite Staffel zumindest im Rohentwurf vorliegen mußten. Ein Vorschlag zur Lösung des Problems sah vor, eine schwangere Scully in die Serie einzubauen. Diese Idee wurde jedoch schnell fallengelassen, da eine schwangere FBI-Agentin, die konsequenterweise später ihren Mutterpflichten nachkommen mußte, kaum mit dem Konzept von *Akte X* in Einklang zu bringen war. Ebenso abwegig war eine andere Überlegung, an die sich Howard Gordon mit einem breiten

Grinsen erinnert: »Irgendwann kam in den Zeitungen das Gerücht auf, Scully bringe bald ein Kind zur Welt, das ein Außerirdischer mit ihr gezeugt habe. Das war natürlich völliger Blödsinn.«

Was die Verantwortlichen zusätzlich unter Zugzwang stellte, sich für oder gegen eine Fortsetzung der Serie mit Gillian Anderson zu auszusprechen, war die zu Beginn des Jahres 1995 bekanntgegebene Entscheidung, die werdende Mutter als beste Schauspielerin in einer Fernsehserie mit dem begehrten *Golden Globe Award* auszuzeichnen. Diese Entscheidung der Jury war für das gesamte *Akte X*-Team eine Überraschung, vor allem aber für die Preisträgerin selbst: »Ich hätte damals nie auch nur daran gedacht, daß ich für diese Auszeichnung in Frage käme. Aber das war wahrscheinlich gut so. Sonst hätte ich mir vermutlich so viel darauf eingebildet, daß ich nicht mehr in der Lage gewesen wäre, mich auf meinen Job zu konzentrieren.«

Letztlich kamen alle überein, das Problem auf die denkbar einfachste Weise zu handhaben und Gillians Schwangerschaft – mehr oder weniger – einfach zu ignorieren. Die Planungen sahen dementsprechend vor, daß Gillian in den ersten fünf Folgen der neuen Staffel mitspielte. Allerdings würde sie in immer weniger Szenen zu sehen sein, je näher die Geburt ihres Kindes heranrückte. Am Ende der fünften Folge *(Unter Kontrolle)* sollte sie – d. h. Scully – von einem ehemaligen FBI-Agenten entführt werden, dessen geistige Verwirrung dadurch erklärt wurde, daß er selbst einmal von Außerirdischen gekidnappt worden war. Auf diese Weise gab es einen für die Zuschauer plausiblen Grund, warum Scully einige Folgen lang – das heißt in der Phase, in der Gillian ihr Kind zur Welt brachte – nur in einigen, zuvor aufgenommenen Traumsequenzen zu sehen sein würde. Alles in allem aber fehlte Scully gemäß dieser Planung nur in einer einzigen Episode, bevor sie in der achten Folge *(An der Grenze)* wieder auftauchen würde.

Ebenso genial wie dieses Handlungskonzept waren die Einfälle der Drehbuchautoren und Kameraleute, es Gillian trotz fortschreitender Schwangerschaft möglichst lange zu ermöglichen, an den Dreharbeiten mitzuwirken. So wurden unter anderem zusätzliche Szenen in bereits fertiggestellte Drehbücher eingefügt, in denen Scully nur beim Telefonieren oder am Computer gezeigt wurde. Zudem ging die Schauspielerin dazu über, nur noch großzügig geschnittene Jacken und Mäntel zu tragen. Nur in Einzelfällen, in denen es unumgänglich war, den Zuschauern eine im Vollbesitz ihrer körperlichen Fähigkeiten befindliche Scully zu präsentieren, wurde ein Double eingesetzt. »Damals wurden sehr oft Kameraeinstellungen gewählt, die mich nur von den Schultern an aufwärts zeigen«, erklärt Gillian rückblickend mit einem Schmunzeln. »Zum Schluß trug ich beinahe nur noch Trenchcoats und mußte mir ständig die Witze von den Kameraleuten anhören, daß ich nur noch mit einem Weitwinkelobjektiv aufzunehmen sei. Doch trotz aller Tricks sah ich damals schrecklich aus, weil der Körper und das Aussehen einer Schwangeren ständigen Veränderungen unterworfen sind. Wenn ich heute mein rundes Gesicht auf den damaligen Aufnahmen sehe, muß ich mich oft mit Grausen abwenden. Aber unter den gegebenen Umständen hatte ich keine Wahl und mußte meine Eitelkeit bezähmen.«

Auch als die Phase, in der Gillian noch weitgehend ohne größere Beeinträchtigungen arbeiten konnte, bereits vorüber war und der Geburtstermin in dramatische Nähe rückte, war ihre Präsenz vor der Kamera – zum Beispiel für die erste Folge der zweiten Staffel *(Kontakt)* – noch immer unentbehrlich. Um die kostbare Zeitspanne, die sie noch zur Verfügung stehen würde, optimal zu nutzen, kam man überein, alle Szenen, in denen Scully auftrat, in einem Durchgang hintereinanderweg zu drehen: »Die Dauer der Dreharbeiten für eine Episode beträgt normalerweise etwa eine Woche. Aber auf diese Weise mußte ich an nur drei Tagen anwesend sein und konnte mich schonen, so gut es eben ging. Mein Gott, zum Schluß gab es ja so viele Dinge, die ich nicht mehr tun konnte. Und die Kameraleute wußten kaum noch, aus welchem Winkel sie mich zeigen sollten. Aber ich kann der ganzen Mannschaft gar nicht genug danken. Wie zuvorkommend ich von allen behandelt wurde und welche Mühe sich alle gaben, das war einfach phantastisch.«

Die aufopferungsvolle Arbeit der gesamten *Akte X-*Crew war so erfolgreich, daß in *Kontakt* und *Der Parasit,* den ersten beiden Folgen der zweiten Staffel, praktisch nichts von Gillians Schwangerschaft zu ahnen ist. Und auch in *Blut,* der dritten Folge, wäre es allenfalls einem eingefleischten Fan aufgefallen, daß Scully nur im Hintergrund agiert und die meiste Arbeit Mulder überläßt.

»Der Druck war natürlich enorm«, kommentiert David Duchovny, der die damalige Situation noch sehr gut vor Augen hat, »nicht nur wegen der Komplikationen, die Gillians Schwangerschaft mit sich brachte, sondern auch wegen unserer Zielvorgabe, erfolgreicher als im Vorjahr zu sein. Aber als ich die Drehbücher sah, wußte ich, daß wir es – notfalls auch ohne Gillian – schaffen konnten.«

Als die Schauspielerin bereits im siebten Monat war, sich zwischen einzelnen Szenen immer wieder übergeben mußte und unter starken Gemütsschwankungen und Schwächeanfällen litt, gelangte sie zwangsläufig immer näher an die Grenze des noch Zumutbaren. Aber an einem Julitag bewies sie, in einen Sessel gekuschelt, daß sie sich auf jeden Fall ihren Sinn für Humor bewahrt hatte. »Ich bin kein Sexsymbol, sondern ein Fruchtbarkeitssymbol«, lachte sie, während sie ihren Bauch tätschelte. »Und das ist wohl die am wenigsten erotische Rolle, die ich je gespielt habe.«

Die teilweise schon aberwitzigen Bemühungen der *Akte X*-Mannschaft, den Fortgang der Serie zu sichern, gipfelten schließlich in den beiden Folgen *Unter Kontrolle* und *Seilbahn zu den Sternen,* in denen Scully entführt und an Außerirdische ausgeliefert wird, die sie für haarsträubende Experimente benutzen wollen. Gewiß hatten Mulder und Scully immer schon mit Extremsituationen zu tun gehabt und das Publikum immer wieder mit neuen Unglaublichkeiten überrascht. Aber jetzt schien dennoch eine kritische Grenze erreicht, an der das Konzept der Serie und die Akzeptanzbereitschaft der Zuschauer möglicherweise überstrapaziert wurden. Daran änderte auch David Duchovny nichts, der alle Register seiner Schauspielkunst zog, oder namhafte Gaststars wie Steve Railsback und CCH Pounder, die kurzfristig engagiert worden waren.

Aber trotz aller Wenn und Aber war an all dem nichts zu ändern. Gillian war – wie sie voller Sarkasmus feststellt – nur noch fähig, »sitzende Tätigkeiten zu verrichten oder Autopsien vorzunehmen«.

Doch trotz aller Probleme und Komplikationen ließ sich die Crew den Spaß nicht nehmen, in einzelnen Szenen auf Gillians Schwangerschaft in typischer *Akte X*-Manier anzuspielen. So wird Scully in *Unter Kontrolle* im Supermarkt gezeigt, wie sie zugleich Eiscreme und saure Gurken in den Einkaufswagen lädt. Und in *Seilbahn zu den Sternen* hat Mulder eine beklemmende Vision, in der unsichtbare Mächte an Scully herumexperimentieren, woraufhin sich ihr Unterleib ballonähnlich aufbläht. Damit diese Szene entstehen konnte, gab Gillian die Erlaubnis, ihren im achten Monat gewölbten Bauch zu filmen. »Ich weiß nicht mehr, wer die Idee zu dieser verrückten Geschichte hatte«, kommentierte Gillian die Szene. »Aber ich muß zugeben, daß ich sie gut fand.«

Es bedarf wohl keiner Erwähnung, daß diese beiden subtilen Anspielungen absolute Ausnahmen einer insgesamt höchst erfolgreichen Strategie darstellten, Gillian Anderson weiterzubeschäftigen und den Fortgang der Serie zu retten. Daß dies gelang, freute niemanden mehr als diejenigen, die dieses Wunder schufen. So erklärte

Produzent Howard Gordon im nachhinein sogar, daß
Gillians Schwangerschaft genau das richtige Instrument
gewesen sei, um die gesamte Mannschaft mit dem für
den Erfolg notwendigen Teamgeist zu beseelen. Ähnlich
äußerte sich David Duchovny, indem er darauf hinwies,
daß die Serie nach dem Anfangserfolg der ersten Staffel
Gefahr gelaufen sei, nur noch allzu Vorhersehbares auf
den Bildschirm zu bringen: »Natürlich boten auch die jeweils in sich abgeschlossenen Episoden sehr gute Unterhaltung. Aber sehr viel spannender ist es doch für die
Zuschauer, wenn – wie in der zweiten Staffel – der
Handlungs- und Spannungsbogen mehrere miteinander
verknüpfte Folgen umfaßt. Ich bin mir nicht sicher, ob
wir ein solches Konzept so konsequent verfolgt hätten,
wenn wir nicht durch Gillians Schwangerschaft dazu gezwungen gewesen wären.« Abschließend äußerte sich
auch Chris Carter zufrieden über den Lauf der Dinge:
»Ich bin wirklich glücklich darüber, daß der Erfolg unserer Arbeit durch Gillians Schwangerschaft keinesfalls ge-
schmälert, sondern sogar vergrößert wurde.«

Nach Scullys Verschwinden in *Seilbahn zu den Sternen*
mußte Mulder die darauffolgende Episode *Drei* ohne
den Beistand seiner Kollegin bestreiten. David Duchovny mag Gillian Anderson allerdings die Mehrarbeit, die
ihr Schwangerschaftsurlaub für ihn bedeutete, leichten
Herzens verziehen haben, da er so die Gelegenheit erhielt, zusammen mit seiner damaligen Freundin Perrey
Reeves vor der Kamera zu stehen.
Vor der Ausstrahlung von *Drei* flammten von ver-

schiedener Seite her Gerüchte auf, daß die Folge so etwas wie ein Versuch war, ob Duchovny und Reeves mit dem Funken, der privat zwischen ihnen übergesprungen war, nicht auch die Zuschauergunst entflammen konnten. Derlei Mutmaßungen fanden jedoch nach der Ausstrahlung ein jähes Ende, da sich die Folge als eher langweilig und wenig anregend entpuppte. Auf diese Weise wurde daher nur bestätigt, daß es praktisch keine Alternative für das Team Anderson/Duchovny gab.

Als der Herbst einzog, hatte Gillian kaum noch die Kraft, sich vom Bett oder aus einem Sessel zu erheben. Allenfalls in kleinen Schritten und mit schmerzverzerrtem Gesicht konnte die sonst stets strahlende Schauspielerin noch gehen, da sie die immer heftiger spürbaren Tritte in ihrem Unterleib jetzt beinahe ständig daran erinnerten, daß der Tag der Geburt näher rückte: »Für eine gewisse Zeit hat jede schwangere Frau das Gefühl, nicht mehr sie selbst zu sein. Mir ging es genauso. Alles erschien mir fremd und ungewohnt. Ich wußte nur, daß ich bestimmt auf das Sechsfache meines normalen Körperumfanges aufgebläht war und daß während der wenigen Szenen, die ich noch drehte, ständig ein Baby in meinem Leib strampelte. Doch trotz allem war ich glücklich und freute mich auf die Aussicht, bald Mutter zu sein.«

Immer wieder hebt Gillian Anderson hervor, wie sehr ihr in diesen schweren Stunden ihre Schauspielerkollegen und die übrige Crew beigestanden hatten: »Alle haben sich stets bemüht, mich aufzumuntern und mir Mut zu machen. Diese Unterstützung war sehr wichtig für mich, weil es wirklich oft Augenblicke gab, in denen ich einfach am Ende war.« Doch trotz aller Fürsorge der gesamten *Akte X*-Mannschaft und trotz der Tatsache, daß sie nur noch wenige, kurze Szenen drehte, trug der Streß vor der Kamera nicht gerade zu ihrem Wohlbefinden bei. Dasselbe gilt für die wenig erfreuliche Tatsache, daß Clyde Klotz aufgrund seiner freiberuflichen Tätigkeit ausgerechnet in der Phase kurz vor Pipers Geburt nicht bei seiner Frau sein konnte, sondern weit entfernt von ihr im Rahmen einer anderen TV-Produktion tätig war. Und als ob all diese Belastungen für die werdende Mutter noch nicht genug gewesen wären, kam noch hinzu, daß Gillian und ihr Mann nach der Hochzeit in Vancouver ein Haus bezogen hatten, das allem Anschein nach selbst Schauplatz *Akte X*-würdiger Ereignisse war.

»Als Clyde und ich in das Haus eingezogen waren, spürte ich plötzlich, daß wir es offensichtlich mit irgendwelchen Geistern teilten«, berichtete Gillian 1995. »Das Ganze war wirklich gruselig, denn ich hatte ständig das Gefühl, daß sich etwas nicht Sicht- oder Faßbares in meiner unmittelbaren Nähe aufhielt. Dann erfuhren wir von einem ansässigen Indianer, daß unser Haus in der Nähe eines alten indianischen Friedhofes gebaut und der früher in dem Gebiet lebende Stamm vor langer Zeit von einer Seuche heimgesucht worden war. Aus diesem Grund zögen dort – und vermutlich auch in unserem Haus – noch heute viele ruhelose Seelen seiner Ahnen umher. Der Spuk verschwand jedoch, nachdem der Mann uns besucht und ein indianisches Ritual zelebriert hatte, bei dem verschiedene Kräuter verbrannt wurden, um das Haus von allen Geistern zu befreien. Ich weiß, es klingt unglaublich, aber nach dieser Zeremonie fühlten Clyde und ich uns wirklich erleichtert, denn was immer zuvor dagewesen sein mochte, war jetzt plötzlich verschwunden und setzte uns nicht mehr zu.«

Spätestens seit der Vertreibung der Geister verfügte das Haus über genügend Raum für das Ehepaar und den erwarteten Nachwuchs. An dem für Pipers Geburt ursprünglich berechneten Termin, dem 23. September, mußte Gillian jedoch eine weitere nervliche Zerreißprobe überstehen, denn die Ärzte stellten bei ihrer Untersuchung fest, daß die Geburt des Babys nicht nur überfällig war, sondern aller Wahrscheinlichkeit nach auch Komplikationen verursachen würde. »Messungen hatten ergeben, daß mein Becken für eine normale Geburt vermutlich zu schmal war, vor allem da mein Baby einen vergleichsweise großen Kopf hatte«, verriet Gillian Anderson 1996 in einem Interview. »Deshalb sollte ich mich darauf einstellen, daß Piper gegebenenfalls mit einem Kaiserschnitt zur Welt gebracht werden müsse.«

Zwei Tage nach dem berechneten Niederkunftsdatum – und nur *einen* Tag nach ihren letzten Dreharbeiten – wurde Gillian in ein Krankenhaus in Vancouver eingeliefert, damit dort die Geburt zunächst auf konventionelle Weise eingeleitet werden konnte. Doch nach einiger Zeit bewahrheiteten sich die Befürchtungen der Mediziner, daß das Baby nicht das Becken seiner Mutter passieren könne, woraufhin unverzüglich ein Operationsteam zusammengerufen wurde, um einen Kaiserschnitt vorzunehmen.

Am 25. September 1994 hielt Gillian Anderson schließlich ihre beinahe neun Pfund schwere – und später auf
den Namen Piper getaufte – Tochter in den Armen. »Auf
›Piper‹ kamen Clyde und ich, als wir in alten Fotos aus
seiner Schulzeit stöberten«, erinnert sich Gillian. »Dort
stießen wir zufällig irgendwo auf diesen Namen, der uns
sofort gefiel und sehr passend für unsere Tochter
schien.«

Die ersten sechs Tage nach der Operation mußte die
stolze Mutter zunächst noch im Krankenhaus verbringen, bevor sie nach Hause entlassen wurde. Sie ging davon aus, mindestens noch einen Monat Erholungsurlaub
vor sich zu haben, zumal Chris Carter ihr zugesichert
hatte, sechs Wochen auf sie verzichten zu können und
sie in dieser Zeit nicht mit Arbeit zu behelligen. Doch als
Gillian in ihr Haus zurückkehrte, fand sie in der Post bereits einen Umschlag mit dem Drehbuch für die *Akte X*-
Folge *An der Grenze.*

»Ich hatte wirklich auf eine längere Schonfrist ge-
hofft«, gesteht sie. »Ich konnte mich kaum rühren und
sollte noch längere Zeit mit den Folgen der Schwangerschaft und des Kaiserschnitts zu kämpfen haben. Außerdem schimmerte mein Unterleib noch in allen möglichen Blautönen und schmerzte so unerträglich, daß ich
haufenweise Schmerzmittel nehmen mußte. Außerdem
litt ich – wie die meisten Frauen kurz nach einer Ent-
bindung – unter Depressionen. Und schließlich hatte ich
gerade damit begonnen, Piper zu stillen, so daß ich es
gerade zu dem Zeitpunkt als besonders hart empfand,
mein Baby zeitweise allein lassen zu müssen. Aber die

Produzenten der Serie ließen mich wissen, sie könnten nicht länger auf mich verzichten. Und nach all den Schwierigkeiten, die ich Chris Carter und der ganzen Crew gemacht hatte, hielt ich es für meine Pflicht, die Zähne zusammenzubeißen und wieder vor die Kamera zu treten.« Also kehrte Gillian am 5. Oktober zur *Akte X*-Crew zurück: noch immer wacklig auf den Beinen, da sie mit Schwindelanfällen zu kämpfen hatte, sowie mit Piper und deren Kindermädchen im Gefolge.

Glücklicherweise konnte Gillian die meisten Dreharbeiten für *An der Grenze* liegend hinter sich bringen, da das Drehbuch vorsah, daß Scully nach ihrer Entführung mysteriöserweiser in einem Washingtoner Krankenhaus wieder auftauchte – und zwar im Koma liegend. Wesentlich strapaziöser war für die Schauspielerin allerdings, daß in derselben Folge ein »Traum« vorkommt, in dem Scully mitten auf einem See in einem Ruderboot zu sehen ist. Es verwundert kaum, daß Gillian nicht allzu gern an diese Szene zurückdenkt: »Ich glaube, ich tat allen wirklich sehr leid, weil ich so kurz nach meiner Entlassung aus dem Krankenhaus zum Erbarmen schlecht aussah und mich noch ständig übergeben mußte, auch wenn mein jammervoller Zustand bestens in das Konzept der Folge paßte. In den Drehpausen setzte und legte ich mich hin, so oft ich konnte. Aber es war wirklich kein Spaß, insgesamt ganze fünf Stunden dort draußen auf diesem verdammten See verbringen zu müssen.«

Einigen Meldungen der einschlägigen Boulevardpresse zufolge, ging es Gillian bei den Dreharbeiten für diese Folge sogar so schlecht, daß sie sich des öfteren vor

Schmerzen gekrümmt habe. Mit einem sarkastischen Funkeln in den Augen nahm sie später zu derartigen Behauptungen Stellung, indem sie ebenso drastisch ihre damalige Lage schilderte: »Damals stillte ich meine Tochter. Deshalb waren meine Brüste so prall mit Muttermilch gefüllt, daß ich beim Drehen manchmal vor lauter Schmerz das Bedürfnis spürte, den nächstbesten Mitarbeiter aus der Crew an meine Brust zu legen, nur um mir auf diese Weise Linderung zu verschaffen.«

Ebenso berühmt wie diese Äußerung ist der Ausgang einer Szene, die für *An der Grenze* gedreht wurde. Gillian hatte gerade Piper versorgt und sich danach ein paar Minuten ausgeruht, bevor sie sich – vor Erschöpfung leicht taumelnd – zurück auf den Weg zum Studio machte, wo sie bereits in dem dort nachgestellten Krankenhauszimmer von den mehr als sechzig Mitarbeitern des Aufnahmeteams erwartet wurde.

Gillian wechselte zunächst ein paar Worte mit R. W. Goodwin, dem Regisseur der Folge, der sie mit der Bemerkung zum Lachen brachte, daß sich ihre Gesichtszüge nach dem Stillen ganz verändert hatten. Dann legte sie sich – nicht ohne Schwierigkeiten, wie ihr schmerzverzerrtes Gesicht verriet – in das im Scheinwerferlicht stehende Bett, an das drehbuchgemäß wenige Augenblicke später Spezialagent Mulder treten sollte. Auf Goodwins Handzeichen hin schloß Gillian ihre Augen und blieb regungslos liegen, während die Kameras zu surren begannen. Dann erschien Mulder, der zunächst hilflos auf seine Partnerin herabstarrte und schließlich schwor, ihren mitleiderregenden Zustand zu rächen.

»Schnitt!« verkündete Goodwin das Ende der Szene.

Als David Duchovny bereits im Begriff war, sich vom Bett abzuwenden, warf er noch einmal einen Blick auf seine Kollegin, deren Augen noch immer geschlossen waren. Nach kurzem Vergewissern drehte er sich zum Aufnahmeteam um, das voller Verwunderung verfolgte, wie sich das Gesicht des Stars zu einem breiten Grinsen verzog und er in eindeutiger Geste den Zeigefinger an die Lippen legte: »Sie schläft.«

NO. 313 • FEBRUARY 9, 1996

Entertainment

THE X-FILES'
GILLIAN
ANDERSON

**THE FED FATALE FINALLY
GETS TO PLAY THE STAR**

**PLUS: AN 'X-FILES' GUIDE
TO TV'S STRANGEST
SUPPORTING CAST**

NEIL DIAMOND
FIVE REASONS TO LOVE N

THE VERDICT ON DE

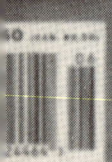

04

7

Mutter und Superstar:
Zurück in alter Form

Gillian wurde nicht lange Ruhe gewährt oder die Möglichkeit geboten, am Set einzuschlafen, denn die Dreharbeiten für die nächste Episode standen an.

In *Der Vulkan* geht es um eine Gruppe von Wissenschaftlern, die bei ihrer Forschungsarbeit an einem entlegenen Vulkan von einem ebenso unbekannten wie tödlichen Mikroorganismus befallen werden. Insgesamt stellte diese eher durchschnittliche Folge einen Rückschritt in die Konzeption der ersten Staffel dar, da sie mit ihrer in sich abgeschlossenen Handlung keine inhaltliche Verknüpfung mit der kompliziert verwobenen Vorgeschichte von Scullys Verschwinden und Wiederauftauchen aufwies. Dafür beinhaltete die Episode um so mehr Action-Szenen, in denen Scully zum Beispiel von einem der verseuchten Wissenschaftler durch die bizarren Tiefen des Vulkans gezerrt wird: Szenen, bei denen Gillian Anderson sich körperlich noch überfordert sah.

»Für die anstrengendsten Passagen wurde zwar ein Double engagiert, aber ich mußte dennoch mehr laufen und springen, als mir lieb war, so daß ich körperlich wirklich am Ende war. Und was meine seelische Verfassung betraf … nun, ich kann nur so viel sagen, daß ich heimlich manche Träne vergossen habe. Es war alles so furchtbar! Wie oft wollte ich während der Dreharbeiten für die ersten Folgen nach Pipers Geburt einfach alles hinschmeißen, um nur noch bei meinem Baby bleiben zu können! Aber wenn ich das getan hätte, wäre ein ganzes Heer von Anwälten wegen Vertragsbruchs über mich hergefallen und hätte mich auf Schadensersatz verklagt.«

In *Rotes Museum* – einer wahrhaft beklemmenden Geschichte über eine Vegetariersekte im Herzen des amerikanischen Rinderzuchtgebietes – gelang es Gillian bereits besser, ihre Depressionen zu überwinden und zu ihrer alten Ausgeglichenheit zurückzufinden, nicht zuletzt, weil es sie beruhigte, daß Piper ständig von ihrem Kindermädchen umsorgt wurde. Aber physisch war Gillian noch längst nicht wieder auf der Höhe. »Ich hatte mit vielen Problemen zu kämpfen. Zum einen war meine Figur wegen der Schwangerschaft noch immer nicht die alte, und ich mußte dringend ein paar Pfund abnehmen. Zum anderen war ich Mutter eines Säuglings, der rund um die Uhr versorgt werden wollte und mir dementsprechend wenig Erholungspausen gönnte. Beides führte dazu, daß ich ständig unter Erschöpfungszuständen litt, die man mir auch äußerlich ansah. Mehr als einmal bekam ich aus den Augenwinkeln mit, wie der jeweilige Regisseur meine Maskenbildnerin verstohlen anwies, bei mir mehr Make-up aufzulegen, um die dunklen Schatten unter meinen Augen zu kaschieren.«

Doch die physischen und psychischen Leidenserfahrungen, die Gillian Anderson am eigenen Leibe sammelte, ermöglichten ihr zugleich, auf schauspielerisch unübertroffene Weise gerade jene Szenen zu spielen, in

denen Scully Gefühle zeigt. Hinzu kam, daß die Drehbuchautoren offensichtlich zu neuer Hochform aufliefen
und wahrhaft exzellente Geschichten lieferten, die besonders Gillian gute Gelegenheiten lieferten, ihre Fähigkeiten ins rechte Licht zu rücken. Das gilt zum Beispiel
für *Excelsis Dei,* eine Geschichte, die damit beginnt, daß
in einem Altenheim eine Ordensschwester auf übernatürliche Weise von einem unsichtbaren Wesen vergewaltigt wird. »Die Story war brisant, weil es um eine Ver-
gewaltigung ging. Aber es war auch eine Story, die Scully auf den Leib geschrieben war, weil sie mehr denn
je ihre Skepsis gegen übersinnliche Phänomene ablegt
und plötzlich das scheinbar Unmögliche für möglich
hält.«

In noch stärkerem Maße konnte Gillian Anderson als
emotional aufs äußerste angespannte Scully in *Todes-
trieb* glänzen, einer Gänsehaut erzeugenden Geschichte
über einen sexuell abnormen Fetischisten und Killer. Als
Scully in seine Hände fällt, gerät sie gleich auf zweierlei
Weise an die Grenze des Zusammenbruchs, denn einerseits droht sie zum nächsten Opfer des Mörders zu werden und andererseits wird sie an das Trauma ihrer früheren Entführung durch Außerirdische erinnert. Nicht ohne Grund zeigt die Schlußeinstellung eine in Tränen auf-
gelöste Heldin.

Chris Carter, der das Drehbuch für diese Episode verfaßte, äußerte sich zu dem Thema, das die Handlung der
Geschichte trägt – die psychische Verdrängung von verschiedenartigsten Erfahrungen und Erlebnissen –, fol-
gendermaßen: »Kein Mensch kann mit Bestimmtheit sa-

gen, welche Auswirkungen ein emotionales Trauma hat, das über jeden von uns aus heiterem Himmel hereinbrechen kann. Meine Überlegung war die, daß Scully so unvorbereitet und so bedrohlich in die Enge getrieben wird, daß sie gar nicht anderes kann, als sich mit ihrer namenlosen Angst auseinanderzusetzen, deren Grund sie nicht kennt.«

Gillian Anderson hat noch einen ganz anderen Anlaß dafür, daß sie sich noch so lebhaft an die Folge erinnert: »Es gab da eine Szene, in der Scully mit einem Psychiater über ihre psychischen Probleme redet. Für mich war diese Szene ein Glücksfall, weil ich auf diese Weise Gelegenheit dazu bekam, einige Dinge zu erkennen und dann zu verarbeiten, die mich beim Spielen der Szene beschäftigt hatten.«

Wie hier bezeichnet die Schauspielerin auch sonst persönliche Probleme meist nur ausweichend mit »einige Dinge«, wenn es um Fragen zu ihrem Privatleben geht. Aber es ist eine mittlerweile bekannte Tatsache, daß im Eheleben von Gillian Anderson und dem meist aus beruflichen Gründen abwesenden Clyde Klotz in den Monaten nach Pipers Geburt der Haussegen des öfteren schief hing.

»Nachdem Piper zur Welt gekommen war, machten wir eine schwere Zeit durch«, deutet Gillian einige Familienzwistigkeiten an. »Männer haben eben nicht die Möglichkeit, ein ebenso inniges Verhältnis zu ihrem Kind aufzubauen, wie dies eine Mutter während der Schwangerschaft tun kann. Für Clyde mußte es eher so aussehen, als ob plötzlich so etwas wie ein Eindringling zwischen uns stand, der meine ganze Aufmerksamkeit in Anspruch nahm. Aber diese Startschwierigkeiten haben wir schließlich überwunden. Längst ist aus Mutter und Kind sowie dem erst nur etwas abseits stehenden Vater eine richtige Familie geworden.«

Gavin Blair – Programmdirektor einer auf Kindertrickfilme spezialisierten Fernsehgesellschaft, der mit Klotz bei Produktionen wie *Reboot* und *War Beast* zusammengearbeitet hat – traf nach der Geburt der Tochter mehrere Male mit dem Ehepaar zusammen und faßt seinen persönlichen Eindruck wie folgt zusammen: »Die beiden stehen sich sehr nah. Clyde ist ein cooler Typ, und er weiß, was er zu tun hat, um sein Leben und das seiner Frau unter einen Hut zu bringen.«

Nach einigem Nachbohren gesteht Gillian zudem, daß nicht nur die gemeinsame Tochter zu Spannungen in der Ehe führte: »Ich glaube, es ist wirklich nicht leicht, mit mir verheiratet sein. Zum einen natürlich wegen meines Jobs und zum anderen, weil ich ein wirklicher Dickschädel bin und immer versuche, meinen Willen durchzusetzen.«

Im Laufe der Dreharbeiten für die zweite Staffel mußte selbst dem oberflächlichsten Beobachter auffallen, daß die psychologische Spannung der Serie wirklich nichts mit der Frage zu tun hatte, ob Scully mit Mulder ins Bett gehen würde, sondern vielmehr damit, ob und gegebenenfalls wann auch Scully ihre Skepsis ablegen und in Mulders Lager der Gläubigen überwechseln würde. Natürlich blieb auch Chris Carter nicht verborgen, »daß Scully unglaubwürdig geworden wäre, wenn es sie überhaupt nicht beeindruckt hätte, in mehr als vierzig Folgen mit bizarren und logisch nicht erklärbaren Erscheinungen und Ereignissen konfrontiert worden zu sein.« Doch in mehrfach geführten Besprechungen zwischen Drehbuchautoren und Produzenten kamen alle Beteiligten immer wieder überein, wie wichtig es für die Ausgewogenheit der Serie sei, auch weiterhin Scullys Skepsis zu erhalten, wobei diese aber für den Zuschauer nachvollziehbar gestaltet werden mußte.

In der Episode *Frische Knochen* sollte die Probe aufs Exempel folgen. In der Geschichte – in der es um Voodoo-Zauber in einem Lager für haitianische Flüchtlinge in Norfolk, Virginia, geht – wird Scully selbst zum Opfer von Voodoo-Halluzinationen, als sich scheinbar aus ihrer Handfläche heraus ein Zombie materialisiert. Dennoch zeigt sie auch nach diesem Erlebnis ein erstaunliches Beharrungsvermögen, ihre möglichst objektive Untersuchungsperspektive beizubehalten. Um dies den Fans plausibel zu machen, wurde bewußt Scullys familiärer Hintergrund herangezogen, wie Gillian Anderson hervorhebt: »Ein Mensch, der wie Scully in einer ihren christlichen Glauben praktizierenden Familie und als Tochter eines hochdekorierten Armeeoffiziers aufgewachsen ist, kann einfach nicht über Nacht sein in langen Jahren konservativ geformtes Weltbild und sein Selbstverständnis über den Haufen werfen. Veränderungen solcher Art brauchen Jahre.«

Es ist drei Uhr früh. Es ist kalt, und es regnet, als sich Mulder und Scully im leeren Trakt einer psychiatrischen Klinik vorsichtig einen Gang entlangpirschen: die durchgeladenen Waffen in der Hand und darauf gefaßt, jeden Augenblick Kreaturen gegenüberzustehen, die schauriger sind als alles, was ihnen jemals bei ihren Ermittlungen begegnet ist. – Ein typischer Drehtag. Eine Szene nach der anderen, aber es ist noch immer kein Ende des sechzehnstündigen Arbeitstages abzusehen. Pipers Kindermädchen, das in der Nähe mit dem mittlerweile sechs Monate alten Kind in einem Wohnwagen wartet, fühlt sich ziemlich unwohl in der beklemmenden Atmosphäre des Drehortes und würde am liebsten flüchten. Währenddessen hört man den Regisseur zum scheinbar hundertsten Male die gleichen Anweisungen geben: »Schnitt! Versuchen wir es noch einmal von vorn!«

David Duchovny wirkt mit seinem glasigen Blick hundemüde, aber im Vergleich zu ihm ist Gillian Anderson wirklich am Ende. Es ist mehr als vier Stunden her, seit sie das letzte Mal eine Pause einlegen und zu ihrer Tochter eilen konnte. Deshalb macht sie sich Sorgen um die Kleine. Als könne ihr Filmpartner ihre Gedanken lesen, massiert er ihr zur Entspannung leicht die Nacken- und Schulterpartie, was sie mit einem dankbaren Lächeln quittiert. Dann folgt unbarmherzig die nächste Szene.

Mulder und Scully huschen tief geduckt um eine

dunkle Ecke und entdecken eine am Boden liegende
Leiche, die sich bereits in einem fortgeschrittenen
Verwesungsstadium befindet.

»Okay!« meldet sich wieder der Regisseur zu Wort.
»Wir brauchen jetzt die Maden.« Daraufhin tritt eine
Frau mit einem Eimer vor, in dem sich ein Stück rohe
Leber befindet, das von Maden übersät ist. Die Frau
beugt sich über den am Boden liegenden Stuntman,
der die Leiche spielt, und beginnt, die Maden über
ihm auszuschütten. Bei dem sich hierbei bietenden
Anblick bricht das – zu dieser nächtlichen Stunde zu
allen Albernheiten bereite – Aufnahmeteam im Chor
in ein angeekeltes »Uuuuaaahhh!« aus. Als die Maden
sich langsam, aber sicher auf dem Körper des Stuntman verteilen und eine dabei sogar über sein Auge
kriecht, wendet sich David Duchovny angewidert ab.
Doch trotz ihrer Übermüdung erbarmt sich Gillian
des zur Regungslosigkeit Verdammten und schnippt
die Made kurzerhand von seinem Gesicht, was ihr einen halbherzigen Applaus der Umstehenden einträgt.
Dann folgen wieder die Anweisungen des Regisseurs.

Irgendwann ist schließlich auch diese Aufnahme im
Kasten, so daß die letzte Klappe fällt und Gillian zu ihrer Tochter zurückeilen kann, um sie in ihre Arme zu
schließen. Beinahe übergangslos wandeln sich der Ge-
sichtsausdruck und die Haltung der Schauspielerin.
Aus der harten FBI-Agentin ist schlagartig eine liebe-
voll strahlende Mutter geworden, die statt der 9-mm-
Smith-and-Wesson ihr Baby in Händen hält.

Wie schon an früherer Stelle dargelegt, bestätigen Freunde, die Gillian Anderson seit vielen Jahren kennen, daß die Schauspielerin schon immer eine natürliche Veranlagung für die Mutterrolle hatte. So zum Beispiel Gordon Edelstein, mit dessen Tochter Gillian schon zu ihren Theaterzeiten in New Haven regelmäßig spielte: »Schon damals war ich mir vollkommen sicher, daß sie einmal eine wunderbare Mutter abgeben würde.«

Aber weder ihre langjährigen Freunde noch Gillian selbst hätten ahnen können, in welchem Maße sich ihr Wesen durch Piper verändern würde. Hatte Gillian zum Beispiel vor der Geburt ihrer Tochter noch regelmäßig CDs von Punk-Gruppen wie den *Butthole Surfers* oder den *Dead Kennedys* aufgelegt, so hörte sie nun meist *Alanis Morissette, Emmylou Harris* und traditionellen Jazz oder Blues. »Wenn ich etwas hören will, das wirklich ›heavy‹ und rockig ist, dann wähle ich höchstens etwas von den *Foo Fighters* oder den *Rolling Stones*. Aber das ist dann schon das höchste der Gefühle. Verglichen mit meinen wilden Jahren bin ich wirklich sehr ruhig geworden.«

Gillian war offensichtlich nicht nur ruhiger, sondern auch in vieler Hinsicht sensibler geworden, denn plötzlich verfolgten sie einige Szenen aus *Akte X* bis in ihre Träume hinein: »Es gab immer schon einzelne Dinge in der Serie, die mich ziemlich bedrückt haben. Aber früher habe ich das einfach weggesteckt und nicht weiter darüber nachgedacht. Heute jedoch bin ich wesentlich empfindsamer, was Gewalttaten und sonstige Scheußlichkeiten angeht – und das hat sicherlich damit zu tun, daß ich jetzt ein Kind habe. Zugleich bin ich aber auch stärker und widerstandsfähiger geworden. Seit meiner Schwangerschaft, Pipers Geburt und dem unmittelbar darauf folgenden beruflichen Streß wirft mich heute wirklich so leicht nichts mehr um.«

So ging bei den Dreharbeiten für die zweite Staffel alles seinen Gang, und eine Episode reihte sich an die nächste.

In der spannungsgeladenen Doppelfolge *Die Kolonie* gerät Scully in die Gewalt eines Außerirdischen, der in der Lage ist, seine Gestalt beliebig zu verändern. Sie kann sich jedoch noch rechtzeitig genug befreien, um anschließend Mulder, den es in die Arktis verschlagen hat, vor dem sicheren Erfrierungstod zu retten.

Für die Dreharbeiten in *Totenstille* mußten sich Gillian Anderson und David Duchovny jeden Tag vier Stunden lang in die Hände von Maskenbildnern begeben, bevor sie – äußerlich um Jahre gealtert – vor die Kamera treten durften, um in einer Geschichte über eine Art zweites Bermuda-Dreieck mitzuspielen, in dessen Bereich jedermann vorschnell vergreist. »Jeden Tag diese endlose Tortur vor dem Schminkspiegel«, stöhnt Gillian noch heute über ihre damaligen Erfahrungen, bis sie schließlich in voller Maske und in einer Mischung aus Unwilligkeit und Übermut eine Szene damit beendete, daß sie ihren Dialog um einen im Drehbuch nicht vorgesehenen Satz ergänzte: »Und so wahr ich hier stehe: Die Tage Howard Gordons (der das Drehbuch der betreffenden Episode geschrieben hatte) sind gezählt!«

Worüber sich Gillian Anderson und David Duchovny schon seit längerem sehr viel nachhaltiger beklagten, war die Tatsache, daß ihnen der enge Terminkalender der *Akte X*-Dreharbeiten praktisch keinen Spielraum ließ, nebenher noch in anderen Film- oder Fernsehprojekten mitzuwirken. Doch im Verlauf der zweiten Staffel gelang es Gillian zumindest, so viel Zeit zu finden, um die dem Kindertrickfilm *Reboot* entstammende Figur der Data Nolly zu synchronisieren.

»Ich wußte, daß Gillian und Clyde große Fans dieser Kinderserie waren, und freute mich um so mehr, als ich erfuhr, daß beide einmal in unseren Studios vorbeischauen wollten«, erklärt Gavin Blair – der Programmdirektor der in Kanada ansässigen Mind-Frame-Entertainment-Gesellschaft, die die Sendung und deren Helden durch Computeranimation produzierte – die Hintergründe dieser ungewöhnlichen Freizeitbeschäftigung. »Während sich die beiden bei uns umschauten, erwähnte ich Gillian gegenüber, daß wir immer schon die Absicht gehabt hätten, eine *Akte X*-Verulkung in die Serie einzubauen. Daraufhin zeigte sie sich so begeistert, daß sie spontan zusagte, unserer Data Nolly die ›echte‹ Stimme der Dana Scully zu leihen.«

Heraus kam bei dieser *Reboot*-Folge eine Geschichte mit dem Titel *Trust No One* (»Trauen Sie niemanden!«), in der die beiden Helden »Data Nolly« und »Fax Modem« einem gefährlichen Energievampir hinterherjagen, der in Computer-City sein Unwesen treibt. Gillian brauchte lediglich für zwei Stunden in die Mind-Frame-Studios zu hasten, um ihren Synchronisationspart zu übernehmen, bevor der Trickfilm schließlich Anfang 1996 ausgestrahlt wurde.

Anders als ihr Alter ego in *Akte X,* hat sich Gillian Anderson bis heute ihren übermütigen Humor bewahrt, der zu neuem Leben erwachte, nachdem sie die erste, besonders strapaziöse Phase nach Pipers Geburt überwunden hatte und die Dreharbeiten wieder zur gewohnten Routine geworden waren. Gillians Sinn für Humor äußerte sich auf ausgesprochen vielseitige Weise. Bei einem nicht enden wollenden Fototermin, für den weder sie noch David Duchovny rechte Begeisterung entwickeln konnten, sprang die Schauspielerin zum Beispiel ohne Vorankündigung in die Arme ihres Filmpartners, woraufhin der ansonsten eher zurückhaltende David in schallendes Gelächter ausbrach. Ein besonderes Lieblingsspielzeug von Gillian sind Feuerlöscher, so daß es vor allem während der Dreharbeiten für die erste Staffel keinesfalls ungewöhnlich war, daß ein ahnungsloser Mitarbeiter der *Akte X*-Crew Opfer der auf der Lauer liegenden Schauspielerin wurde und ein »Schaumbad« nehmen mußte. Darüber hinaus war es vor allem zwischen Gillian und den beiden Regisseuren David Nutter und Rob Bowman ein beliebter Wettbewerb, möglichst viele Wäscheklammern an diversen Körperteilen anzubringen, wobei der Star es auf die persönliche Bestleistung von siebenunddreißig Klammern gebracht haben soll.

»Ich nutze jede sich bietende Gelegenheit, um irgendwelchen Blödsinn zu machen«, lacht Gillian, »und ich kann nur sagen, daß David und ich dabei oft unter einer Decke stecken. Wenn zum Beispiel einer von uns beim Drehen seinen Text vergißt, dann improvisieren wir und bringen die Szene immer zu einem komischen Ende. Meistens kriegen wir dann regelrechte Lachkrämpfe.«

Gillians komische und skurrile Seite kam besonders bei den Dreharbeiten für eine Szene in *Der Zirkus* zum Tragen. In dieser Episode geraten Scully und Mulder in einen Ort, in dem beinahe ausschließlich Zirkus-Freaks leben: von Kopf bis Fuß tätowierte Männer, bärtige Frauen und Leute mit verschiedenartigsten körperlichen Mißbildungen. Diese Chance konnte sich die Schauspielerin einfach nicht entgehen lassen.

»Okay«, ruft Kim Manners, der Regisseur dieser Episode. »Dann drehen wir jetzt die Szene mit dem tätowierten Mann und den Grillen.« Das Ganze war reine Routine, auch wenn die Szene ausgesprochen bizarr wirkt: Mulder und Scully versuchen Informationen von einem Artisten zu bekommen, der in einem Kessel voller Wasser sitzt und ihm zugereichte lebende Grillen verspeist. Laut Drehbuch soll Scully in den Kessel greifen und eine speziell präparierte Schokoladengrille herausfischen und essen. Aber dann zeigt sich plötzlich ein Leuchten in ihren Augen – und sie nimmt eine von den lebenden Grillen und steckt sie sich, ohne mit der Wimper zu zucken, in den Mund. Bei diesem Anblick wendet sich der als eher empfindlich bekannte David Duchovny ab, verzieht angeekelt das Gesicht und beginnt dann laut zu lachen – so wie der Regisseur, der tätowierte Mann im Kessel und die ganze übrige Crew. »Natürlich habe ich die Grille nicht aufgegessen«, erklärte Gillian später mit todernstem Gesicht. »Ich nahm sie nur in den Mund und spuckte sie später wieder aus. Schließlich saß da dieser riesige Kerl in dem Wasserkessel und lebte davon, dutzendweise Grillen zu verschlingen. Wie hätte ich es da wagen können, ihm eine wegzunehmen.«

Insgesamt läßt sich feststellen, daß die für die zweite Staffel produzierten Episoden fesselnder und einfallsreicher waren als die im ersten Jahr gedrehten. Das gilt besonders für *Heilige Asche, Das Experiment* und *Anasazi:* die Schlußfolge der zweiten Staffel, die ihre nervenzerfetzende Spannung aus keineswegs übersinnlichen, sondern absolut irdischen Gefahren für die beiden FBI-Ermittler bezieht.

Für Gillian Anderson stand bei der Verbesserung des Niveaus der Serie verständlicherweise im Vordergrund, daß Scully unübersehbar an Persönlichkeit gewonnen hatte: »Ich glaube, daß die Zuschauer langsam, aber sicher stutzig wurden, weil lange Zeit zwischen Scully und Mulder zugleich diese gewisse platonisch-intellektuelle, aber auch sexuelle Spannung bestand. Das aber hat sich jetzt geändert. Beide gehen jetzt wesentlich unverkrampfter miteinander um, was nicht weiter verwundert, wenn man bedenkt, welche haarsträubenden Abenteuer

sie bereits gemeinsam durchgestanden haben. Sie haben
so oft ihr Leben für den anderen riskiert, daß sich beinahe zwangsläufig ein sehr enges und vertrauliches Verhältnis zwischen ihnen aufgebaut hat.« Nach einer Pause fügt die Schauspielerin noch einen wichtigen Punkt
hinzu: »Auch wenn es für Scully bei all den Fällen, die
sie mit Mulder gelöst hat, mittlerweile oft Momente gab,
in denen sie die Dinge mit seinen Augen sah, so halte ich
es nach wie vor für eine gute Idee, daß sie auch weiterhin ihre skeptische – auf ihre naturwissenschaftliche und
medizinische Ausbildung zurückgehende – Grundhal-
tung bewahrt.«

Die letzte Folge der zweiten Staffel wurde im amerikanischen Fernsehen am 11. Mai 1995 ausgestrahlt. Danach konnte sich Gillian Anderson, zumindest für kurze
Zeit, ganz ihrer privaten Rolle als Ehefrau und Mutter
widmen. Zudem erhielt sie auf diese Weise Gelegenheit,
Abstand von einer überaus schwierigen und anstrengenden Phase ihres Lebens zu gewinnen, wie sie damals in
einem Interview berichtete:

»Durch all die beruflichen und privaten Dinge, die
mit meiner Schwangerschaft einhergingen, habe ich
mich selbst erheblich verändert und weiterentwickelt.
Ich habe zum Beispiel gelernt, was es heißt, Verantwor-
tung zu tragen: und zwar nicht nur für die Produktion
von *Akte X,* sondern auch und vor allem für meine Familie. Und ich kann mich wirklich glücklich schätzen, eine Tochter wie Piper geschenkt bekommen zu haben
und einen Mann wie Clyde an meiner Seite zu wissen …

Wenn ich an die vergangenen Monate denke, erinnere ich mich zugleich an die schönsten wie die schwersten Stunden meines bisherigen Lebens. Ich habe in dieser Zeit gewiß vieles einstecken müssen und mehr als einmal daran gedacht, alles hinzuwerfen, weil ich glaubte, mit meinen Kräften am Ende zu sein. Aber vor allem Piper hat mir die Augen geöffnet und klargemacht, daß es noch andere Dinge im Leben gibt, als nur eine Fernsehserie zu drehen. Seither sehe ich alles nicht mehr so ernst und verbissen. Selbstverständlich versuche ich noch immer mein Bestes zu geben, damit die Serie erfolgreich bleibt. Aber ich bin von meinem beruflichen Tun nicht mehr so besessen wie früher, als sich für mich alles nur um meine Schauspielkarriere drehte. Natürlich schulde ich allen, die an *Akte X* mitarbeiten, eine gute, professionelle Leistung. Ich würde mich aber heute nicht mehr hinstellen und leichtfertig sagen, daß mir die damit verbundenen Strapazen nichts ausmachen. Kurz gesagt – ich habe einfach gelernt, welche Dinge im Leben wirklich wichtig und welche weniger wichtig sind.«

Gerade diese Einsicht bewirkte jedoch bei Gillian gewisse Vorbehalte gegen die von ihr verkörperte Rolle. »Scully ist immer so verdammt ernst«, seufzte Gillian. »Sie weiß auf alles eine Antwort und ist einfach klüger und brillanter, als es für irgendwen gut sein könnte. Außerdem denkt sie immer nur an ihre Karriere. Ich glaube, sie würde für meine Art zu leben wenig Verständnis aufbringen und mich für ziemlich verrückt halten.«

8

»Hereinspaziert ins Rampenlicht« – Gillian erobert die Medien

Wohin auch immer Gillian Anderson ihren Blick wandte, er fiel auf David Duchovny. Und zwar begegnete er ihr nicht etwa nur in der *Akte X,* sondern auch ununterbrochen als Talk-Show-Gast oder als Coverboy auf den Titelseiten von Zeitschriften und Magazinen. Mit anderen Worten: Was Publicity anging, war ihr Filmpartner ihr um Längen voraus.

Ein Grund dafür, daß Gillian anfangs vergleichsweise wenig von der Presse beachtet wurde, besteht in ihrem wenig ausgeprägten Geltungsbedürfnis, als Star gefeiert zu werden: »Ich kann mit dem, was man gewöhnlich mit ›Berühmtheit‹ bezeichnet, noch immer wenig anfangen«, äußerte sie noch 1995 in einem Interview. »Es mag wohl stimmen, daß ich inzwischen ziemlich berühmt bin, aber im Augenblick bedeutet das für mich in erster Linie nur, daß ich hart arbeiten muß. Daß man seine Berühmtheit und seinen Ruhm auch genießen kann, erlebe ich eigentlich nur bei Preisverleihungen, wenn einem die Leute zujubeln.«

Um fair zu sein, muß man darauf hinweisen, daß Gillian Anderson Opfer ihrer eigenen Unerfahrenheit und einer für sie unglücklichen Terminplanung war, als sie mit der Presse in Berührung kam. Vor ihrer Tätigkeit in *Akte X* hatte sie nur ein einziges Mal ein Interview gegeben – und zwar 1990 der *New York Times,* wobei es um ihre Rolle in *Absent Friends* gegangen war. Von daher war es nur allzu verständlich, daß sie zunächst eher unsicher und zurückhaltend reagierte, als viele Reporter nach Ausstrahlung der ersten Folgen um ein Interview baten. Daß Gillian darauf zudem eher widerwillig reagierte, hatte noch eine zweite Ursache: Während David Duchovny keine Fragen zu scheuen brauchte, da er voller Stolz auf eine fundierte akademische Ausbildung zurückblicken konnte und sich als Schauspieler bereits einen Namen gemacht hatte, hatte Gillian vor ihrer Rolle in *Akte X* beruflich nicht viel Nennenswertes aufzuweisen und spürte auch wenig Neigung, sich über vergleichsweise problematische Phasen ihrer Jugendjahre ausfragen zu lassen. Also konzentrierten sich die ersten, insgesamt wohlwollenden Pressemeldungen meist nur auf ihre Rolle und die Serie.

Auf diese Zeit zurückblickend, erläutert die Schauspielerin ihre damalige Abneigung gegen die Medien, die nicht zuletzt damit zu tun gehabt habe, daß die meisten Journalisten sich damit begnügten, ausgesprochen oberflächliche Berichte abzufassen, ohne den Dingen wirklich auf den Grund zu gehen. »Viele Leute halten mich für konservativ, weil Scully in mancher Hinsicht sehr konservativ ist. Andererseits halten mich ebenso viele Leute für einen netten Menschen, weil Scully ein sehr netter Mensch ist. Und dabei haben sie nicht einmal unrecht, denn ich glaube durchaus, daß ich eigentlich ein ganz netter Mensch bin. Aber der springende Punkt dabei ist, daß mich all diese Leute nur von meiner Rolle

12   Madame kann auch anders: Gillian hier einmal ungewohnt
lasziv.

13　Nachdenklich im Englischen Garten in München.

14   Gillian mit Mann …   15   … und Maß …

16   … und noch einmal mit Clyde Kotz auf dem Münchner Viktualienmarkt.

17   Die Schattenseiten ihres Star-Status nimmt Gillian ganz
locker – egal, ob beim Autogramm-Marathon …

18   ... oder im Blitzlichtgewitter bei der Verleihung ihres ersten
Golden Globe (der nicht der einzige bleiben sollte!).

19   Als Dana Scully muß sich das Ex-Punkgirl Gillian elegant und zugeknöpft geben. Privat mag sie es lieber etwas ausgefallen …

20 ... und scheut, wie hier bei einer Preisverleihung, auch vor gewagten Ausschnitten nicht zurück!

21 Die Rolle, die ihr zu Weltruhm verhalf – Gillian Anderson als Dana Scully.

her beurteilen, aber nicht wirklich daran interessiert sind, mehr über mich zu erfahren. Die meisten schreiben ohnehin, was sie wollen, und fügen nur irgendwelche kurzen Zitate von mir hinzu, die vollkommen aus dem Zusammenhang gerissen sind. Ich kann ganz schön schräg sein, und ich sage oft eine Menge schräge, dumme Sachen ... glücklicherweise habe ich jetzt ein paar Berichte gelesen, die auch diesen Teil meiner Persönlichkeit wiedergeben.«

Je größer ihre Popularität wurde, desto mehr normalisierte sich Gillian Andersons Verhältnis zur Presse. Doch dann wurde sie schwanger, und die meisten Interviews konzentrierten sich nur noch auf die Frage, welche Auswirkung ihre Schwangerschaft auf den Fortgang von *Akte X* habe. Auch wenn sie in solchen Berichten keineswegs absichtlich schlechtgemacht wurde, so wurde sie doch in ein unvorteilhaftes Licht gerückt, da stets zwischen den Zeilen zu lesen war, daß sie den großen Unsicherheitsfaktor für die Zukunft der Serie darstelle. Und gerade in dieser angespannten Phase erreichte ihr Filmpartner den Höhepunkt einer ohnehin immer ausgesprochen positiven Darstellung in der Presse. David Duchovny prangte auf den Titelseiten von Magazinen wie *Entertainment Weekly* und saß des öfteren auf einem der begehrten Sessel in den meistgesehenen Talk-Shows des amerikanischen Fernsehens. »Er stand im Rampenlicht, und sie blieb im Schatten, wo sie von allen übersehen wurde«, resümiert Anthony Noguera – Redakteur des *For Him Magazine* – die für Gillian unbefriedigende Situation.

Auch wenn die Schauspielerin – wie schon gesagt – nicht viel auf die Presseberichterstattung über sich gab, so begann sie doch, sich gegen diese offenkundige Ungleichbehandlung aufzulehnen.

»Es ist schon sehr seltsam und frustrierend, daß die Serie von der Öffentlichkeit lediglich als Serie über Mulder angesehen wird, obwohl wir in fast jeder Szene gemeinsam auftreten und als Kollegenteam zusammenarbeiten«, stellte Gillian Anderson 1995 in einem Interview fest. Und auch 1996 – als sie mit David Duchovny mittlerweile gleichgezogen hatte, was Fanpost und Presseberichte anging – ließ sie noch immer einen Hauch von Verärgerung, aber auch Resignation spüren: »Als wir anfingen, dachte ich, daß *Akte X* nicht nur seine, sondern unsere Serie sei. Aber in der Zwischenzeit habe ich gelernt, daß es nicht viel bringt, sich über solche Fragen den Kopf zu zerbrechen.«

Die Situation änderte sich jedoch grundlegend, als Gillian nach Beendigung der Dreharbeiten für die zweite Staffel auf Drängen der Fernsehgesellschaft nach Europa reiste, um für die dort anstehende Premiere von *Akte X* die Werbetrommel zu rühren. Während sie zuvor in den USA bei offiziellen PR-Terminen immer gemeinsam mit David Duchovny aufgetreten war, stand nun sie allein im Rampenlicht der europäischen Presse, die sich – im Unterschied zur amerikanischen – in viel höherem Maße für ihr Privatleben und ihre persönlichen Anschauungen interessierte.

Gillian fühlte sich gewiß aufgrund der auf sie fokussierten Aufmerksamkeit geschmeichelt. Wichtiger aber war die Tatsache, daß sie seit ihrer Kindheit in London eine tiefe Verbundenheit mit Europa und der dortigen, progressiveren Lebensauffassung empfand, auf die sie mit gestärktem Selbstbewußtsein reagierte. So gab sie plötzlich bereitwillig Antworten auf Fragen, denen sie in den USA zuvor immer ausgewichen war, und gewährte unter anderem zum erstenmal Einblicke in ihre problematische Kindheit. Und zum erstenmal gestand sie nun auch in aller Öffentlichkeit, daß sie nur deshalb von New York nach Los Angeles gegangen sei, weil sie sich damals nicht von ihrem Freund hatte trennen wollen.

Alles in allem läßt sich zusammenfassen, daß Gillian bei ihrer Europareise zwar keine welterschütternden Sensationen ausplauderte, aber wesentlich lockerer und mitteilsamer auftrat als zuvor, und daß ihr nunmehr entspannteres Verhältnis zur Presse die Rückreise nach Vancouver im Spätsommer 1995 überdauerte. Dieser Umstand war um so bedeutender, da das Interesse der US-Medien an *Akte X* kurz vor dem Start der Dreharbeiten für die dritte Staffel gerade seinen Höhepunkt erreichte.

Aus der ehemaligen Kultserie für einen begrenzten Kreis eingefleischter Fans war endgültig ein Publikumsrenner geworden, der zur besten Sendezeit im Abendprogramm ausgestrahlt wurde. Unübersehbar war mittlerweile das Angebot an *Akte X*-Romanen, -Comics und Parodien. Es gab *Akte X*-T-Shirts, -Kaffeetassen und noch vieles andere. Es gab sogar eine Pornofassung, in der »Boulder« und »Skulky« (gespielt von der Pornodarstellerin Tyffany Million) erotische Abenteuer zu überstehen hatten.

»Ehrlich gesagt, überraschte es mich zu diesem Zeit-punkt nicht mehr, wie populär die Serie geworden war«, gesteht Gillian Anderson. »Zu Beginn der zweiten Staf-fel hatte ich bereits damit gerechnet, daß die Serie noch eine ganze Weile laufen würde. Als wir dann schließlich in die dritte Runde gingen, zweifelte wohl niemand mehr daran, daß wir mit *Akte X* wirklich noch sehr lange zu tun haben würden.«

Bereits während ihrer Europareise hatte Gillian sehr nachdrücklich gefordert, daß es nun, nach Fertigstellung von zwei kompletten Staffeln, erneut an der Zeit sei, Scully einen Entwicklungsschub zukommen zu lassen: »Ich glaube, sie hat nun lange genug in Mulders Schat-ten gestanden. Da Scully gewiß über genügend Kompe-tenz verfügt, um selbst Ermittlungen durchzuführen, wird es vor allem für den Zuschauer langweilig, wenn sie ständig einen Schritt hinter ihrem männlichen Partner zurückbleibt. In den allerersten Folgen machte ein sol-ches Konzept noch Sinn, da Scully zu dem Zeitpunkt praktisch noch keine eigenen Erfahrungen gesammelt hatte. Aber jetzt liegen die Dinge anders, und ich denke, es wäre angemessen, Scully mehr Entfaltungsmöglich-keiten einzuräumen. In der ersten Staffel ging es nur darum, die Grundidee der Serie zu testen. Die zweite Staffel stand vor allem unter dem Vorzeichen meiner Schwangerschaft. Nun, so denke ich, ist es endlich an der Zeit, daß Mulder und Scully wirklich gleichberech-tigte Partner werden.«

Zumindest in wirtschaftlicher Hinsicht waren Gillian Anderson und David Duchovny bereits während der

Drehpause zwischen den Staffeln zu solidarischen Partnern geworden, indem sie unter anderem ihre Forde-
rungen nach einer Gehaltserhöhung gemeinsam vorge-
bracht hatten. Durchgesickerten Informationen zufolge
soll David Duchovny nun hunderttausend Dollar und
Gillian etwa die Hälfte dieses Betrages für die Arbeit an
einer Episode bekommen. Zudem wurde der Forderung
beider Darsteller entsprochen, in allen noch nachfolgenden Staffeln fortan zwei Folgen weniger zu produzieren,
um ihnen mehr Freiraum für sonstige Aktivitäten einzuräumen.

Der zweiteilige Saisonauftakt der dritten Staffel mit den
beiden Episoden *Das Ritual* und *Die Verschwörung des
Schweigens* verwickelt Scully sogleich in das Fegefeuer
einer tödlichen Verschwörung. Während Mulder noch
mit der Aufklärung jener Ereignisse beschäftigt ist, die
ihn bereits zum Ende der vorherigen Staffel beschäftigt
haben, wandelt Scully auf neuen Pfaden und führt ihre
Ermittlungen allein. Sie gerät allerdings an den Rand eines Nervenzusammenbruchs, als sie ihre ermordete
Schwester auffindet, die offensichtlich einem Anschlag
zum Opfer gefallen ist, der Scully gegolten hat.

Mit diesen beiden Episoden endete jedoch der Hand-
lungsfaden, der um die geheimnisvolle Verwicklung von
Regierungskreisen in eine Kontaktaufnahme mit Außerirdischen gesponnen worden war. Dann machte *Akte X*
eine unerwartete Wende, denn es folgte eine ganze Reihe von in sich abgeschlossenen, gradlinigen Geschichten, die sich – wie die Episoden der ersten Staffel – um

psychisch abnorme Charaktere und um Serienmörder drehten und Gillian Anderson kaum Gelegenheit gaben, schauspielerisch zu glänzen. So ist zum Beispiel *Energie,* eine Folge über Jugendliche mit übernatürlichen psychischen Kräften, nur deswegen erwähnenswert, weil Scully ihren Kollegen Mulder dabei ertappt, wie er – von den Jugendlichen telepathisch manipuliert – mit einer Polizeibeamtin gemeinsam ins Bett steigen will. Scullys Reaktion und das nachfolgende Streitgespräch mit Mulder bilden den Höhepunkt der insgesamt schwachen Episode.

Mit der Doppelfolge *Die Autopsie* und *Der Zug* kehrten die beiden FBI-Agenten wieder zu ihrer Jagd nach Außerirdischen und zu der Entlarvung von konspirativen Regierungskreisen zurück. Hierbei bildet der Mord an jemandem, der ein Video über die Autopsie eines Alien anbietet, den Ausgangspunkt für eine Reihe spannender und actiongeladener Ereignisse, die in Scully Erinnerungen an ihre eigene Entführung durch Außerirdische wach werden lassen und schließlich erneut zu dem Verdacht führen, daß die Regierung geheime Experimente betrieben habe, Menschen mit Aliens zu kreuzen.

Die Invasion von Käfern in der nachfolgenden Episode *Krieg der Koprophagen* eröffnete Gillian die Möglichkeit zu einigen komischen Szenen, da Scully eifersüchtig verfolgt, wie Mulder – natürlich aus rein beruflichem Interesse – eng mit der Entomologin Bambi zusammenarbeitet. Hierzu erklärt Gillian, daß diese Folge, die von der Kritik höchst unterschiedlich aufgenommen wurde, dem Zuschauer einen aufschlußreichen Einblick in das Verhältnis zwischen Scully und Mulder gewährt habe: »Angesichts der ausgesprochen engen und intimen Zusammenarbeit beider, in deren Verlauf der eine dem anderen ständig auf der Pelle sitzt, bleiben Spannungen nicht aus. Und es bedarf wohl keiner Erläuterung, daß Bambis Auftauchen zusätzlichen Zündstoff liefert.«

Gillian Anderson blickte aus dem Fenster ihrer Maschine, die gerade zur Landung auf dem Flughafen von Los Angeles ansetzte. In Gedanken beglückwünschte sie sich dazu, die Einladung zu dem *Akte X*-Fan-Treffen angenommen zu haben.

Derartige Veranstaltungen waren aufgrund der enormen Popularität der Serie mittlerweile zu einer Routineangelegenheit geworden. Anläßlich solcher Großereignisse wurden regelmäßig sowohl Schauspieler als auch Drehbuchautoren und Produzenten eingeladen, für die es finanziell ausgesprochen lukrativ ist, sich für ein paar Minuten ins Rampenlicht zu stellen, ein paar Fragen zu beantworten und Autogramme zu verteilen. Unter diesem Gesichtspunkt hatte sich selbst Chris Carter trotz seines mehr als vollen Terminkalenders noch schnell dazu entschlossen, einen Kurzauftritt in Los Angeles einzuschieben. Die einzigen, die es bisher konsequent abgelehnt hatten, an solchen Treffen teilzunehmen, waren Gillian Anderson und David Duchovny gewesen. Doch während Duchovny nach wie vor bei seinem definitiven »Nein!« blieb, hatte bei Gillian am Ende doch die Neugier gesiegt, eine derartige Veranstaltung einmal selbst mitzuerleben.

Das Flugzeug rollte zu seiner Parkposition am Terminal, so daß die Passagiere kurz darauf aussteigen konnten. Als Gillian die Ankunftshalle des Flughafens betrat, wurde sie sogleich von vier Bodyguards umringt, die von den Veranstaltern des Fan-Treffens angeheuert worden waren, um ihren Stargast wohlbehalten ins Hotel zu bringen. »Es kam mir schon ausgesprochen übertrieben und bizarr vor, wie ich, eingezwängt zwischen diesen Kleiderschränken, mehr oder weniger abgeführt wurde«, erinnert sich Gillian.

Anschließend wurde sie in das berühmte Hotel Four Seasons gefahren, wo sie die nächsten drei Tage bis zu ihrem Auftritt wohnte, um dort verschiedene Pressetermine abzuhalten und – so lauteten einschlägige Gerüchte – über Filmangebote zu verhandeln, die sie unter Umständen während der jährlichen *Akte X*-Drehpause wahrnehmen wollte. Die meiste Zeit verbrachte Gillian allerdings damit, über den für sie neuen Gesichtspunkt nachzudenken, daß sie zu einem schutzbedürftigen Objekt geworden war.

Ihre Nächte verbrachte sie zum Teil schlaflos, da sie immer wieder an ihr Kind und an ihren Mann denken mußte und zudem von Lampenfieber wegen ihres bevorstehenden Auftritts heimgesucht wurde. Darüber hinaus wurde ihre nervliche Anspannung keineswegs geringer, als sie tagsüber feststellen mußte, daß ständig einer der Leibwächter in ihrer Nähe war. Vor allem am Tag des Fan-Treffens wurde sie sogar auf dem Weg an ihren Tisch im Hotelrestaurant von einem Bodyguard begleitet und in höflichem, aber bestimmtem Ton darauf hin-

gewiesen, daß er sie nicht aus den Augen lassen würde:
»Ich habe alles überprüft. Hier sind Sie in Sicherheit.
Ich werde solange draußen warten, aber sobald sie das
Restaurant verlassen, bin ich wieder bei Ihnen!« Nicht
nur die Blicke der noch immer von dieser ihr ganz unge-
wohnten neuen Rolle verwirrten Schauspielerin, sondern auch die der übrigen Restaurantbesucher folgten
dem sich entfernenden Mann. Dann wandte sich Gillian
der Speisekarte zu und fügte sich seufzend in ihr Schicksal. Als sie ihr Mahl beendet hatte und sich dem Ausgang
näherte, fand sie – wie angekündigt – wie aus dem
Nichts heraus wieder ihren Schatten hinter sich, der sie
durch die Empfangshalle zum Ausgang des Hotels führte, wo bereits eine überlange, weiße Luxuslimousine auf
die sichtlich verblüffte Schauspielerin wartete. »Dieses
Riesenschiff soll nur für mich sein? Das kann doch nicht
Ihr Ernst sein!«

Trotz aller Befürchtungen, die Gillian vor ihrem Auftritt hegte, erwies sich ihr Aufenthalt in Los Angeles im
nachhinein als angenehm und erholsam. Das Frage-und-
Antwort-Spielchen mit den Fans war ausgesprochen entspannt verlaufen, da ihr die meisten der Fragen bereits
zuvor hundertfach gestellt worden waren und es daher
kein Problem für sie dargestellt hatte, einigen auf ihre
Privatsphäre zielenden Erkundigungen elegant auszu-
weichen. Zwar hatte die Schauspielerin nach dem Ende
der Veranstaltung beteuert, daß dies ihr erster und zugleich letzter Auftritt auf einer derartigen Veranstaltung
gewesen sei, doch sie verhehlte keinesfalls, daß sie nur
positive Erfahrungen gesammelt habe. »Die Leute wirk-

ten alle durchaus normal«, lachte sie später in Anspielung darauf, daß die Fans bei derartigen Treffen oftmals in ausgesprochen abenteuerlichen Verkleidungen erschienen. »Ich hatte mich innerlich darauf eingestellt, auf seltsam kostümierte Wesen und Monster mit drei Nasen und dergleichen zu treffen. Aber alles war völlig normal.«

Der unbestreitbare Erfolg der Serie hat die Dreharbeiten für die Darsteller und die gesamte Crew keinesfalls leichter gemacht. Noch immer sind die Tage und Nächte bei oft ungünstigen Wetterbedingungen vollgepackt mit Drehterminen. Doch bei der Folge *Mein Wille sei dein Wille* kamen für Gillian Anderson noch Streßfaktoren ganz anderer Art hinzu, da Anthony Noguera, Redakteur des *For Him Magazine,* angereist war, um die Schauspielerin bei der Arbeit zu beobachten und zu interviewen. Nun war es keinesfalls ungewöhnlich, daß sich Journalisten am Drehort einfanden und den Darstellern Fragen stellten. Aber gerade dieses Männermagazin war dafür bekannt, daß es mit bekannten Persönlichkeiten ausgesprochen unkonventionelle Interviews führte.

»Daß Gillian Anderson eine sehr attraktive und interessante Frau ist, stand für uns außer Frage«, erklärt Noguera. »Der springende Punkt war nur, daß noch nie zuvor ein wirklich interessantes und informatives Interview mit ihr veröffentlicht worden war. Alles, was man über sie lesen konnte, war ziemlich nichtssagend und beinahe ausnahmslos über Dana Scully. Wir aber wollten in er-

ster Linie etwas über den Menschen Gillian Anderson
herausbekommen und nicht über die Rolle, die sie
spielt.«

Für Gillian bedeutete dies, daß sie sich zum einen auf
die eindringlichen Fragen des Journalisten konzentrieren mußte und zum anderen auf eine wichtige Szene, in
der ein Patient mit einem Hirntumor – der in der Lage
ist, andere Menschen telepathisch zu beeinflussen –
Mulder dahingehend manipuliert, mit einem Revolver
russisches Roulett zu spielen.

Der zum *Akte X*-Urgestein zählende Rob Bowman,
der auch in dieser Folge Regie führte, trat gerade mit
seinem Chefkameramann ins Studio, um mit ihm die
letzten Details der Szene zu besprechen. Währenddessen bereitete sich David Duchovny, tief atmend und
schulterkreisend, in einer Ecke des Raums auf seinen
Auftritt vor. Und Robert Wisden, der den an dem Tumor
erkrankten Patienten spielte, erhielt gerade die letzten
Make-up-Korrekturen, um beim Zuschauer einen möglichst dämonischen Eindruck zu hinterlassen. Dann erschien Gillian Anderson auf dem Set und legte ihren
Mantel ab, unter dem ihre übliche FBI-Ausstattung
sichtbar wurde, zu der an diesem Tag auch eine schußsi-
chere Weste zählte. Schließlich trat Gillian an ihre auf
dem Boden markierte Position.

Auf Bowmans Zeichen hin stürmt Gillian in den
Raum, in dem sich Mulder und das Psychomonster befinden.

»Sie Ungeheuer! Zur Hölle mit Ihnen!« schleudert sie
dem Telepathen entgegen, der jedoch Mulder unverzüg-

lich dazu veranlaßt, seine Waffe auf Scully zu richten und abzufeuern. Die FBI-Agentin taucht blitzartig ab, um Deckung zu suchen, und kracht dabei gegen eine Wand.

»Schnitt!« ruft Bowman und fügt erwartungsgemäß hinzu: »Okay, alle zurück in die Ausgangsposition. Dann versuchen wir es noch einmal.«

Daß die Szene wenigstens noch ein weiteres Mal wiederholt wurde, war reine Routine. Daß die ansonsten der Presse gegenüber wenig mitteilsame Gillian Anderson jedoch in dem anschließenden Interview mit Noguera Details über die sexuellen Eskapaden und die Alkoholexzesse ihrer Jugendzeit preisgab, war dagegen absolut ungewöhnlich. »Gillian war ihre Nervosität anzumerken«, berichtet der Journalist. »Sie fand es offenbar schon recht seltsam, daß ich ihr überhaupt Fragen zu ihrer Person und ihrer Vergangenheit gestellt habe. Darüber hinaus zeigte sie sich über die Art meiner Fragen erstaunt. Viele trauen sich nicht, eine bekannte Persönlichkeit oder einen Filmstar danach zu fragen, an was er glaubt, was ihn aufregt und worüber er lacht. Aber ich glaube, daß Gillian es begrüßte und vielleicht sogar genoß, daß wir ihr solche Fragen stellten und sie wie einen normalen Menschen behandelten.«

Einige Zeit nach dem Interview wurde Gillian von Noguera nach Los Angeles eingeladen, genauer gesagt, in ein Fotostudio am Rande Hollywoods. Nachdem die Schauspielerin den Fotografen und dessen Mitarbeiter begrüßt hatte, wurden ihr in einer angrenzenden Garderobe die Kleidungsstücke gezeigt, die sie bei den geplanten Aufnahmen tragen sollte. Ihr entschlüpfte unwillkürlich ein verblüfftes Lachen, als sie mit großen Augen ein tiefausgeschnittenes, schwarzes Nichts von einem Spitzennegligé, einen hautengen Katzendreß und ein Herrenhemd erblickte – allesamt Teile, die Scully niemals tragen würde.

Ziel der ganzen Operation war es, Gillian Anderson nicht nur als Mensch zu porträtieren, sondern vor allem dem bekannten, allzu biederen Scully-Image eine Art erotische Männerphantasie gegenüberzustellen. Für die meisten überraschend, erklärte sich der *Akte X*-Star sofort dazu bereit, bei der ganzen Sache mitzuspielen. Als Gillian dann im schwarzen Negligé ins Scheinwerferlicht trat, monierte sie zunächst, »einen zu breiten Hintern« zu haben, setzte dann jedoch angesichts der von allen Seiten geäußerten Komplimente ein selbstbewußtes Lächeln auf. Ja, gerade wegen des nur sparsam aufgetragenen Make-ups und ihrer schlichten Frisur sah sie wirklich großartig aus.

Die an diesem Tag von ihr geschossenen Fotos deckten eine enorme Bandbreite an Motiven ab, die von eher albern (Gillian im Katzendreß auf einem zehn Meter hohen Sims) bis lasziv-verträumt (Gillian im Negligé, sich auf einem Bett räkelnd) reichten. Je mehr die Zeit voranschritt, desto wohler fühlte sich die Schauspielerin offensichtlich in ihrer neuen Rolle, die nun gar nichts mit Scully zu tun hatte. Nicht nur, daß sie beim Posieren in Unterwäsche mit dem Fotografen darüber scherzte, daß der Ausschnitt des Negligés zwar tief sei, aber doch nicht so tief, um auf den Aufnahmen die vom Kaiserschnitt zurückgebliebene Narbe zu verraten; sie willigte sogar begeistert in den zunächst nur scherzhaft erwogenen Vorschlag ein, sich für weitere Fotos an das Bett fesseln zu lassen: »Eine großartige Idee! Womit fangen wir an?«

Wenn man Gillian dabei beobachtete, wie sie sich mit Schmollmund und unschuldigem Blick, dann als schwül blickender Vamp in Szene setzte, konnte man sich des Eindrucks nicht erwehren, daß sie es trotz – oder gerade wegen – ihres schauspielerischen Images einer beinahe asexuellen Intellektuellen genoß, zumindest für ein paar Augenblicke in die Rolle einer Sexgöttin zu schlüpfen. Als sich der Fototermin seinem Ende näherte, prophezeite einer der Assistenten des Fotografen, daß niemand beim Anblick der Aufnahmen auf die Idee kommen werde, die abgebildete Frau könne Dana Scully sein. »Das ist meine ganze Hoffnung«, kommentierte Gillian.

Unmittelbar nach der Fotosession eilte Gillian wieder zum Flughafen, um die nächste Maschine zurück nach Vancouver zu bekommen, da am darauffolgenden Montag die Dreharbeiten für die neue Folge mit dem Titel *Der Fluch* beginnen sollten. Nach ihrer Rückkehr mußte sie zwar einige Witze der Eingeweihten, die von dem Anlaß ihres Kurztrips nach Los Angeles wußten, über sich ergehen lassen, aber derlei Anzüglichkeiten quittierte sie nur mit einem selbstbewußten Lachen. Dann ging es jedoch wieder an die Arbeit.

Die Episode handelte von den übernatürlichen Vergeltungsmaßnahmen, die von einer in ihrer heiligen Ruhe gestörten Reliquie aus Südamerika ausgingen. Als auch Mulder und Scully dem rachelüsternen Objekt zu nahe kommen, sehen sie sich plötzlich einer ganzen Armee von Killerkatzen gegenüber. Hierbei waren in einigen Szenen auch Nahaufnahmen vom Kampf der FBI-Agenten mit den rabiaten Miezen geplant. Da Gillian Anderson jedoch gegen Katzenhaare allergisch ist, kam ein findiger Experte für Spezialeffekte auf den Gedanken, einige originalgetreue Plüschpussys mit Kaninchenfell zu überziehen. »Diese Szenen gehören zu den albernsten, die ich je gedreht habe«, lacht Gillian noch heute. »Als ich mich drehbuchgemäß mit diesem Katzenimitat vor dem Gesicht am Boden wälzen mußte, lösten sich Haare von dem Kaninchenfell ab und blieben an meinem Lippenstift hängen. Das Ganze war eine einzige Lachnummer!«

Einige Monate später wurde der lang erwartete Artikel im *For Him Magazine* endlich veröffentlicht. Unter der Überschrift *Gillian Anderson X-Rated! Undercover with Agent Scully,* was soviel heißt wie »Gillian Anderson, nicht jugendfrei. Undercover (oder eben auch: unter der Bettdecke!) mit Agent Scully«, war auf der Titelseite ein provokatives Foto zu sehen, das Gillian im aufreizenden Negligé mit offenem Haar und verführerischem Blick zeigte. Ebenso offenherzig waren die Fotos und das Interview im Innenteil des Magazins. Kurz und gut: Die Sensation war perfekt und der Ansturm auf die Zeitschriftenkioske enorm. Ein kleiner Prozentsatz der Fans von *Akte X* – die die Serie allem Anschein nach denn doch ein wenig zu ernst nahmen – entfachte einen Sturm der Entrüstung angesichts der Blasphemie, das »jungfräuliche Image« der von ihnen über alles verehrten Dana Scully auf diese vulgäre Weise zu besudeln. Ein unterbelichteter Internet-Surfer dieser lamentierenden Protestfraktion verstieg sich sogar zu der Message, daß das Interview entweder eine Fälschung sei oder aber Gillian Anderson wohl doch nicht mehr im Kopf habe als die anderen augenklimpernden Betthasen aus Hollywood.

Die derart Attackierte schien selbst jedoch von dem ganzen Wirbel äußerst angetan. »Ich glaube schon, daß sie überrascht war, denn *so* hatte sie sich selbst noch nie zuvor gesehen«, kommentiert Anthony Noguera. »Aber sie war mit dem, was sie sah, zufrieden. Und sie betrachtete das Ganze als einen großen Spaß.«

Durch das Erscheinen dieses Artikels wurde Gillian Anderson endgültig in die höchsten Höhen des Medieninteresses katapultiert. In der Folgezeit stand ihr Telefon nicht mehr still, da die ganze Welt über Nacht begriffen zu haben schien, daß Gillian Anderson noch sehr viel mehr war als die uninteressante Hälfte von Dana Scully. »Sie ist eine sehr berühmte Frau, die jedoch trotz ihres Ruhms auf dem Teppich geblieben ist«, erklärt Noguera. »Aber sie ist und bleibt eine Frau aus Fleisch und Blut, die zum Beispiel auch mal flucht – und das unterscheidet sie von Dana Scully.«

In welchem Maße sich Gillian Anderson plötzlich für ihre Präsenz in den Medien erwärmte, wird unter anderem auch dadurch deutlich, daß sie sich bei einem Flug nach Los Angeles einerseits angenehm überrascht zeigte, auf einer Ausgabe des *TV Guide* ein Foto von sich und David Duchovny zu sehen, andererseits aber beklagte, daß »es dennoch so viele andere Zeitschriften gibt, auf deren Titelbild wir noch nie gestanden haben«.

Der Programmzeitschrift *TV Guide* gebührt die Anerkennung, das erste Blatt gewesen zu sein, das nach Erscheinen des Artikels im *For Him Magazine* die Zeichen der Zeit erkannte. Nachdem die Zeitschrift bereits dreimal mit Gillian Anderson *und* David Duchovny aufgemacht hatte, unterbreitete man Gillian nun die Offerte, *allein* auf Seite eins zu erscheinen, und zwar im Outfit der vierziger Jahre. Als zusätzliches Zeichen des Entgegenkommens bot man der Schauspielerin an, die Aufnahmen und das Interview direkt vor Ort in Vancouver zu machen.

Beides fand in einem Hotel statt, das nicht allzu weit von den *Akte X*-Filmstudios entfernt lag. Die Fotos zeigen die auf einem Bett sitzende oder liegende Gillian in einem goldfarbenen Kleid mit tiefem Dekolleté, in einem schwarzen Anzug mit einem Schleier vor dem Gesicht und in einem seidenen Morgenrock mit einer Federboa und zehn Zentimeter hohen Absätzen. »Es macht schon Spaß, sich einmal so zu verkleiden und aufzudonnern«, gestand Gillian an jenem Tag, »aber dauernd hätte ich auch keine Lust dazu. Schließlich bin nicht wirklich ich das auf den Fotos.«

Die Bemühungen der Leute des *TV Guide*, Gillian zum Vierziger-Jahre-Pin-up-Girl zu stilisieren, erwiesen sich für die Schauspielerin gegenüber den Aufnahmen für das *For Him Magazine* als wesentlich unanstrengender. Das Ganze lief sogar in derart entspannter Atmosphäre ab, daß die Aufnahmen immer wieder unterbrochen werden mußten, da Gillian sich vor Lachen förmlich schüttelte. Hierzu kam es vor allem dann, wenn es ihr nicht gelang, auf den hohen Absätzen ihr Gleichgewicht zu halten, oder wenn sie von den Federn ihrer Boa gekitzelt wurde. Am Anfang stimmte der Fotograf noch ebenso amüsiert in ihr Lachen ein, doch mit zunehmender Ergebnislosigkeit seiner Bemühungen wurde er immer ungeduldiger, bis man schließlich übereinkam, mit den Aufnahmen doch lieber am nächsten Tag weiterzumachen.

Der Artikel in *TV Guide* entpuppte sich schließlich nur als ein zweiter Aufguß des *For Him Magazine*-Interviews. Gillian nannte nur wenige Details aus ihrem Privatleben und verschanzte sich ansonsten hinter der für sie üblichen Ausweichtaktik. Doch trotz der eher albernen Stimmung bei der Fotosession waren einige Aufnahmen überaus gelungen. Sie waren zwar keineswegs so reißerisch wie die des Männermagazins, aber dafür präsentierten sie eine überaus elegante und wiederum ganz anders wirkende Gillian Anderson.

Es gab noch einen dritten nennenswerten Fototermin, an dem neben Gillian allerdings auch David Duchovny und Chris Carter vor der Kamera standen. Diesmal hatte sich der *Rolling Stone* auf den Weg nach Vancouver gemacht, um dort für eine Titelstory über den Erfolg von *Akte X* zu recherchieren. Zwar erfuhr der Leser bei dem in Dialogform gehaltenen Frage-Antwort-Spielchen mit Anderson, Duchovny und Carter absolut nichts Neues über die Serie, aber dafür lohnte allein das Titelfoto den

Kaufpreis des Heftes: Es bildete die Konkretisierung der Phantasien von Millionen von Zuschauern, indem es die beiden *Akte X*-Hauptdarsteller gemeinsam im Bett zeigte – unbekleidet und in enger Umarmung! Damals nach diesem Foto befragt, lächelte Gillian Anderson vielsagend und gab nur einen kurzen Kommentar: »Für mich war's gut!«

Tatsächlich schien die Aufnahme Gillians Phantasie so beflügelt zu haben, daß sie Monate später – bei der Frage eines Reporters, wie wahrscheinlich es sei, daß es doch noch eines Tages zu einer Romanze zwischen Scully und Mulder komme – die folgende Antwort gab: »Es wäre natürlich schon eine großartige Sache, die beiden auf dem Bildschirm zu sehen, wie sie die atemberaubendste Nummer der Welt schieben, und zwar nicht nur zu ihrer eigenen Befriedigung, sondern gleichzeitig auch zu der eines Millionenpublikums. Wir könnten Scully und Mulder eine ganze geschlagene Stunde lang im Bett zeigen. Vielleicht eine halbe Stunde Vorspiel, und dann würde es richtig zur Sache gehen, mit Handschellen und allem Drum und Dran. Das könnte vielleicht der *Akte X*-Kinofilm werden, von dem dauernd gesprochen wird: nur Scully, Mulder und ein Bett.«

Die letzten Folgen der dritten Staffel boten Gillian in recht unterschiedlichem Maße Gelegenheit, ihre schauspielerischen Qualitäten unter Beweis zu stellen. In der Episode *Andere Wahrheiten* wirkt Scully beispielsweise beinahe begriffsstutzig, als sie den Schriftsteller José Chung zu seinem Werk befragt. Aber eine der zweifellos eindrucksvollsten Szenen der gesamten dritten Staffel war in *Der See* – der *Akte X*-Hommage an das Ungeheuer von Loch Ness – zu sehen. In dieser Folge spüren die beiden FBI-Agenten dem legendären Ungeheuer »Big Blue« nach, das in einem abgelegenen See sein Unwesen treiben soll und für die brutale Tötung mehrerer Menschen verantwortlich gemacht wird. Die ganze Geschichte erweist sich als ausgesprochen dünn und an den Haaren herbeigezogen, bis es schließlich dazu kommt, daß Scully und Mulder auf einen kleinen Felsen inmitten des Sees verschlagen werden und dort – belauert von dem sie umkreisenden Monster – ein tiefschürfendes Gespräch darüber beginnen, welcher Art eigentlich die Beziehung zwischen ihnen beiden ist. Diese Szene prägt sich dem Zuschauer so nachhaltig ein, daß gegen sie sogar die Schlußeinstellung verblaßt, in der »Big Blue« tatsächlich aus den Tiefen des Sees auftaucht.

Als Gillian Anderson nach Abschluß der Dreharbeiten für die dritte Staffel 1996 ein Interview gab, äußerte sie sich zu der Frage, wie sie rückblickend mit den vielen Höhen und Tiefen des hinter ihr liegenden Jahres fertig geworden sei, daß ihre Erfahrungen weitestgehend dieselben seien, die auch Dana Scully in den *Akte X*-Abenteuern gemacht habe: »Es gab etliche Augenblicke, in denen ich glaubte, am Ende zu sein und aufgeben zu müssen. Aber ich habe mich immer wieder durchgebissen und fühle mich heute stärker und widerstandsfähiger denn je.«

9

Jenseits von Scully: Gillian betritt Neuland

Gillian Anderson hat niemals einen Hehl daraus gemacht, daß sich ihre eigenen Karrierepläne keineswegs ausschließlich auf *Akte X* beschränken. Vielmehr hat die Schauspielerin bereits wiederholt darauf hingewiesen, daß sie sich sehr gerne auch in der Rolle einer Produzentin sehen würde, um sich auf diese Weise einer ihrer Meinung nach überaus »kreativen Herausforderung« zu stellen. Die Rolle einer Autorin oder Regisseurin kann sie sich dagegen weit weniger vorstellen, da beides für sie zu stressig sei.

Allerdings hat Gillian keineswegs vor, die Schauspielerei ganz an den Nagel zu hängen. Das Gegenteil ist der Fall, wie sie bei einem im Jahr 1994 geführten Gespräch über ihre weiteren Zukunftspläne deutlich machte: »Ich bin nicht an einer Hauptrolle in irgendwelchen zweitrangigen Filmproduktionen interessiert, sondern sehr viel eher an einer kleineren Rolle in einem qualitativ anspruchsvollen Film. Es kommt mir dabei vor allem auf ein gutes Drehbuch an. Wichtig wäre auch, daß sich die Figur, die ich zu spielen hätte, sehr von Scully unterscheidet, damit ich die Möglichkeit erhielte, zu beweisen, daß ich noch sehr viel mehr kann, als Serienmörder und Außerirdische zu jagen.«

Nachdem die dritte Staffel von *Akte X* mit der Episode *Der Tag steht schon fest* abgeschlossen worden war, war dies der Moment für Gillian Anderson, sich auf der Höhe ihres Ruhmes nach neuen beruflichen Tätigkeitsfeldern umzuschauen, wobei es ihr zugute kam, daß die mittlerweile achtzehn Monate alte Piper nun erheblich problemloser mitreisen konnte. Sehr bald kamen natürlich die wildesten Spekulationen über vermeintliche Rollenangebote auf, die teilweise von Gillian selbst geschürt worden waren. In einem Interview hatte sie 1995 angedeutet, daß sie mit dem Gedanken spiele, »eine Rolle in einem Film mit Morgan Freeman und eine weitere in dem Streifen *Anaconda,* in dem es um eine Riesenschlange geht, anzunehmen«. Doch weder eines dieser beiden noch irgendein anderes konkretes Filmangebot kam wirklich zustande.

Aber aufgrund der überaus positiven Reaktionen auf die Synchronisation ihres Trickfilm-Pendants in *Reboot* übernahm sie den Auftrag, einen einstündigen halbdokumentarischen Film über das Phänomen von Flugzeugabstürzen mit dem Titel *Why Planes Go Down* als Sprecherin zu kommentieren.

Es bleibt ein wenig rätselhaft, weshalb Gillian Anderson sich angesichts vieler anderer Offerten gerade für dieses Projekt entschied. Da es sich hierbei allerdings um eine Produktion von Fox-Network handelte – also der Fernsehgesellschaft, die auch *Akte X* produziert –, liegt die Vermutung wohl nicht allzu fern, daß man zumindest auf subtile Weise hauseigenen Druck auf die Schauspielerin ausübte, natürlich mit dem Ziel, die Einschaltquoten bei der Ausstrahlung des Streifens über Flugzeugkatastrophen zu erhöhen. Sicherlich war das Angebot außerdem für Gillian zumindest in finanzieller Hinsicht

sehr attraktiv; ihr und ihrer Agentin wird klargewesen
sein, daß es sich um keinen anspruchsvollen Job, aber um
einen einfachen und sehr lukrativen gehandelt hat.

Why Planes Go Down flimmerte im April 1996 über
den Bildschirm. Wie vorausgesehen, lockte natürlich die
breit angekündigte Mitarbeit Gillian Andersons auch
Akte X-Fans vor die Mattscheibe, so daß die Einschalt-
quote entsprechend positiv ausfiel. Was die Kritiken betraf, bekamen allerdings weder die Sendung noch die
prominente Sprecherin ein gutes Zeugnis ausgestellt. In
einer Rezension der *New York Times* in der Ausgabe
vom 22. April 1996 schrieb Walter Goodman: »Anderson
spult ihren Text so monoton herunter, als handle es sich
dabei um offizielle Verhaltensmaßgaben für Besucher
des Hades. Sie sollte sich lieber darauf beschränken,
Kaffee, Scotch oder Prozac anzubieten.«

Bereits während der Drehzeit der dritten Staffel unter-
zeichneten Gillian Anderson, David Duchovny und
Chris Carter einen Vertrag mit Fox Interactive – einem
Ableger der Fernsehgesellschaft – über die Mitarbeit an
einem Action-CD-ROM-Spiel mit dem Arbeitstitel
»25th Season: 3. Episode«. Allein für diesen Zweck drehten die beiden Hauptdarsteller gegen Ende der dritten
Staffel einige spezielle Szenen, die in das Computerspiel
hineingeschnitten werden sollten. Obwohl die Spielidee
dieses *Akte X*-Spiels, das aller Voraussicht nach 1997 auf
den Markt kommt, natürlich noch streng geheimgehal-
ten wird, weiß man doch so viel, daß der Spieler gemeinsam mit den beiden Hauptfiguren der Serie sowie

mit Hilfe einiger Zeugen, verschiedener Spuren und Hinweise ein typisches *Akte X*-Geheimnis lüften soll.

Obwohl Gillian Anderson durchaus darauf brannte, neue künstlerische Erfahrungen zu sammeln, begegnete sie allen Angeboten doch mit großer Vorsicht. »Als ich mit *Akte X* begann, wurde ich bald mit Angeboten überhäuft, die alle irgend etwas mit übernatürlichen Dingen oder Science-fiction zu tun hatten. Aber ich lehnte sie alle ab, da die meisten Angebote mir nicht besonders anspruchsvoll erschienen und mich schauspielerisch wohl kaum weitergebracht hätten.«

Während einer PR-Tour durch England erhielt Gillian schließlich ein Angebot, das ganz auf ihrer Linie lag. Es ging dabei um eine neunteilige Sendereihe der BBC mit dem Titel *Future Fantastic*. Diese Produktion drehte sich um das Verhältnis zwischen Science-fiction und wissenschaftlichem Fortschritt. Sie beschäftigte sich vor allem mit der Frage, auf welche Weise die geistige Vorstellungskraft – etwa eines Autors von phantastischer Literatur – zu wissenschaftlicher Erkenntnis führen kann, wobei solche Phänomene wie Roboter, Zeitreisen und Außerirdische im Zentrum der Serie standen.

Der Regisseur der Serie, David McNab, erinnert sich, daß Gillian Anderson wegen der Sprecherrolle in *Future Fantastic* im März 1996 kontaktiert wurde, da sie als *Akte X*-Star für diese Aufgabe einfach prädestiniert war. »Gillians Agentin stellte sofort klar, daß man sie mit solchen Angeboten regelrecht überhäufte«, weiß der Regisseur zu erzählen, »aber wir ließen uns nicht so schnell entmutigen.«

Zur großen Freude von McNab und dessen Mitarbeitern nahm Gillian Anderson das Angebot, das ihr als eine intellektuell anspruchsvolle Ergänzung zu ihrer Arbeit für *Akte X* erschien, mit großem Enthusiasmus an. »Wahrscheinlich gab es mehrere Gründe für ihre Entscheidung zugunsten unseres Projektes«, spekuliert McNab. »Einer dieser Gründe war sicherlich die Tatsache, daß es sich bei der Serie um eine Produktion der BBC handelte. Gillian Anderson ist in England aufgewachsen, und deshalb war und ist dieses Land für sie immer noch so etwas wie eine zweite Heimat. Außerdem wies die Reihe – auch wenn sie sich mit Science-fiction und Dingen wie Robotern, Zeitreisen oder Außerirdischen befaßte – doch eine fundierte wissenschaftliche Basis auf. Gillian Anderson ließ sich jedenfalls davon überzeugen, daß es sich hierbei nicht bloß um Schaumschlägerei handelte.«

Anderson flog schließlich mit ihrer Tochter Piper im Schlepptau nach New York, wo die ersten zwei eines auf insgesamt vier Tage angesetzten Drehtermins stattfinden sollten (für die letzten beiden Drehtage verabredete man Los Angeles). Da es zu dieser Zeit sehr heiß in New York war und lange Arbeitstage vor ihr lagen, setzte Gillian ihre Tochter am Tag vor dem Drehbeginn jedoch wieder ins Flugzeug zurück nach Vancouver. Dies war einer der Momente, in denen sie den Konflikt zwischen ihren Muttergefühlen und ihrem professionellen Ehrgeiz besonders schmerzlich empfand.

Am ersten Drehtag, an dem die Schauspielerin im Obergeschoß eines in Ufernähe gelegenen Lagerhauses vor der Kamera stand, wirkte Gillian noch ziemlich abgespannt. »Es war einfach schrecklich heiß an diesem ersten Tag«, erinnert sich McNab, »so daß das Drehen ungeheuer anstrengend war. Wie alle anderen war auch Gillian sehr erschöpft und wirkte deshalb etwas unkonzentriert. Sicherlich war sie zusätzlich auch dadurch abgelenkt, daß ihre Gedanken bei ihrer Tochter waren.« Der Regisseur erinnert sich jedoch, daß sie sich schnell für ihre Tätigkeit erwärmte. »Nach dem ersten Tag taute sie richtig auf, und es machte wirklich Spaß, mit ihr zu arbeiten. Sie scherzte mit den Kollegen und fand sich bald prächtig ins Team ein.«

Gillians schnelle Auffassungsgabe kam ihrer Sprecherrolle sehr zugute. »Sie ist sicherlich einer der intelligentesten Menschen, mit denen ich jemals zusammenarbeiten durfte«, hebt McNab hervor. »Obwohl sie nie Naturwissenschaften studiert hat, hinterfragte sie immer wieder an wichtigen Stellen den Inhalt ihres Textes und gab uns viele wertvolle Anregungen dafür, wie das Manuskript auf sinnvolle Weise verbessert und umgeschrieben werden sollte.«

Das Ergebnis der gemeinsamen Bemühungen war derart gelungen, daß auch Gillian voller Stolz jubeln konnte: »Ich freue mich wirklich riesig, diese Reihe präsentieren zu dürfen, deren Thema sehr gut einer *Akte X*-Folge entstammen könnte. Was mir daran besonders gefällt, ist, daß es dieser Produktion gelingt, etwas sehr Wichtiges zu veranschaulichen: daß nämlich Science-fiction sehr oft erst den geistigen Anstoß für bedeutende wissenschaftliche Forschungsarbeiten geliefert hat. Alles, was wir uns heute nur vorstellen können, kann vielleicht eines Tages auch Wirklichkeit werden.«

Gillian Andersons unverwechselbare, zugleich sexy und kühl klingende Stimme entwickelte sich rasch zu einer Art Markenzeichen in der Welt der Filmdokumentationen. Und obwohl sie noch immer auf ein passendes Rollenangebot für einen Kinofilm hoffte, war doch ihr Interesse geweckt worden, auch weiterhin an der Produktion von Dokumentarfilmen mitzuwirken. Martha Ostertag und Kurt Sayenga traten schließlich im November 1995 auf sie zu und baten sie, dem Film *Spies Above* ihre Stimme zu leihen. Diese Produktion, die Anfang 1996 im *Discovery Channel* ausgestrahlt wurde und später als Videokassette in den Handel kam, erzählt die Geschichte der Spionagesatelliten, angefangen bei den ersten Überlegungen und Versuchen der Eisenhower-Regierung bis hin zum heutigen High-Tech-Stand der neunziger Jahre.

»Kurt und ich bevorzugen beide eine weibliche Stimme«, erklärt Martha Ostertag, »vor allem wenn es um derart anspruchsvolle Themen geht. Dabei fiel unsere Wahl sehr schnell auf Gillian, die wir aus *Akte X* kannten und die genau unseren Vorstellungen entsprach.« Kurt Sayenga nennt noch ein weiteres Motiv dafür, gerade Gillian Anderson als Sprecherin ausgewählt zu haben: »Ich war früher in der Punk-Rock-Szene sehr aktiv und wußte natürlich, daß auch Gillian dafür geschwärmt hatte. Das nahm mich zusätzlich für sie ein. Aber vor allem weil ich ein glühender *Akte X*-Fan bin, begann ich bereits früh mit dem Gedanken zu spielen, sie für unser Projekt zu gewinnen. Der Zeitpunkt schien gar nicht so ungünstig zu sein, denn *Akte X* war gerade im Begriff, den Status einer reinen Kultserie abzulegen und zu einem wirklichen Publikumsrenner zu werden. Also hatte Gillian damals noch nicht den extremen Popularitätsgrad erreicht, den sie heute innehat, so daß wir durchaus eine reelle Chance sahen, sie zu gewinnen.«

Martha Ostertag schmunzelt unwillkürlich, als sie hinzufügt, »daß die Leute von *Discovery Channel* überhaupt keine Ahnung hatten, warum wir ausgerechnet ›diese Gillian Anderson‹ haben wollten. Allem Anschein nach gehörten sie einer Generation an, die noch nie etwas von *Akte X* gehört hatte!«

Nachdem die Wahl getroffen worden war, ging es nur noch darum, Gillian Anderson zu überzeugen. Sayenga erinnert sich daran, wie die Produzentin Martha Ostertag Ende 1995 mit der Schauspielerin in Kontakt trat, als diese gerade mit den Dreharbeiten für die letzten Folgen der dritten Staffel beschäftigt war. »Sie sagte schließlich zu, nachdem sie sich noch über ein paar andere Angebote informiert hatte, unser Projekt aber für das ›coolste‹ hielt.«

Ostertag und Sayenga flogen mit ihrer Mannschaft schließlich an einem Samstagabend Mitte Dezember 1995 nach Vancouver und mieteten sich dort in dasselbe Tonstudio ein, in dem Gillian gewöhnlich an der Nachbearbeitung der *Akte X*-Episoden saß. Sayenga, der noch auf dem Flug zahlreiche Textpassagen umgeschrieben hatte, nahm sofort telefonischen Kontakt mit Gillian auf, die sich – mit ihrer plärrenden Tochter im Hintergrund – sofort meldete. »Sie war sehr daran interessiert, das Manuskript so schnell wie möglich in die Finger zu bekommen, um sich selbst einen Eindruck machen zu können«, erklärt Sayenga. »Und der Text hatte es ganz schön in sich, da er eine Menge technischer Details und komplizierter Sachverhalte beinhaltete. Aber gerade deswegen wollte Gillian frühzeitig einen Blick auf ihn werfen, damit sie auch wußte, worüber sie redete.«

Am darauffolgenden Abend parkte Gillian ihren Wagen gegen sechs Uhr vor den Pinewood-Studios. Wegen ihrer doppelten Belastung als Schauspielerin und Mutter ganz außer Atem, eilte sie ins Studio, wo sie bereits von Kurt Sayenga erwartet wurde, der schon alle notwendigen Vorbereitungen getroffen hatte. »Am meisten überraschte mich, daß sie in Wirklichkeit sehr viel hübscher ist als auf dem Bildschirm«, erinnert er sich an seine erste Begegnung mit dem *Akte X*-Star. »Ich meine, sie ist natürlich schon als Scully ausgesprochen attraktiv. Aber in Wirklichkeit sieht sie wirklich phantastisch aus und kleidet sich auch besser als in der Serie.«

Sayenga fiel allerdings noch etwas anderes auf, nämlich daß Gillian schniefte und nieste: »Sie hatte sich eine Erkältung eingefangen, was nicht gerade von Vorteil ist, wenn man im Tonstudio arbeiten will. Aber für ein Zurück war es jetzt bereits zu spät. Wir mußten das Ganze eben so durchziehen, da das Band dringend benötigt wurde.«

Also setzte sich Gillian in die Sprecherkabine, plauderte noch ein wenig mit den Anwesenden und schlug dann die erste Seite des Manuskripts auf. Ursprünglich hatte Sayenga geplant, Gillian ihren Text zu dem bereits fertig geschnittenen Film vortragen zu lassen. Aber ihre Erkältung machte ein solches Vorgehen einfach unmöglich. »Es ging leider nur sehr langsam voran«, faßt Sayenga zusammen, »so daß wir nur etwa ein Zehntel der gesamten Textmenge bewältigten. Hätten wir jetzt auch noch den Film dazugenommen, dann hätte die ganze Geschichte mindestens zwei Tage gedauert. So viel Zeit hatte aber niemand von uns!«

Deshalb kam man überein, daß Gillian das komplette Manuskript einmal am Stück vorlesen sollte. Dieser stundenlange Marathon wurde nur durch eine Zigarettenpause und ein paar gelegentliche Scherze, die Gillian mit Sayenga machte, unterbrochen. Angesichts der ungünstigen Begleitumstände erstaunte es um so mehr, daß das Ergebnis dennoch den Erwartungen Sayengas entsprach: »Sie gab dem Film genau den seriösen und nüchternen Anstrich, den ich mir vorgestellt hatte. Es war fast so, als ob Scully selbst mitspielte. Kurzum: Es war perfekt!«

Gegen zweiundzwanzig Uhr verließen alle das Tonstudio. Während sich Gillian auf den Weg nach Hause machte, begab sich Sayenga direkt zum Flughafen, um zurück in die Staaten zu fliegen und dem Film den letzten Schliff zu verpassen. Doch als er kurz darauf die Endfassung der Dokumentation bei der zuständigen Redaktion von *Discovery Channel* einreichte, erlebte er sein blaues Wunder. »Es gab doch tatsächlich einige Leute, die sich nicht sicher waren, ob Gillian Anderson die richtige Sprecherin wäre, und statt dessen konventionellerweise eine männliche Stimme vorschlugen. Man muß sich das einmal vorstellen: Obwohl mein Team und ich wirklich alles fertiggestellt hatten, drohte nun tatsächlich die Gefahr, daß Gillian im nachhinein durch einen männlichen Sprecher ersetzt werden würde! Glücklicherweise zeigten die Verantwortlichen zum Schluß jedoch ein Einsehen und ließen sich davon überzeugen, daß es eine glänzende Idee war, Gillian Anderson einen Film über Spionagesatelliten kommentieren zu lassen.«

Ebenfalls für eine glänzende Idee hielten es offensichtlich die Marketingstrategen von Microsoft, Gillians Stimme einem Computer namens E.V.E. zu leihen, dem bei dem CD-ROM-Ballerspiel »Hellbender« eine wichtige Rolle zukommt. Die hierfür notwendigen Aufnahmen kosteten die Schauspielerin ebenfalls nur einen Tag, brachten ihr jedoch gewiß eine ganze Menge Geld ein.

In die gleiche Zeit fiel ein Vertrag, den Gillian Anderson und David Duchovny mit den Produzenten der *Simpsons* schlossen. Auch hierbei ging es um Tonstudioaufnahmen. Die beiden Schauspieler sollten Trickfilm-Pendants von ihnen synchronisieren, und zwar in einer *Simpson*-Episode mit dem Titel *The Springfield Files* (Die Akte Springfield). Die mit nur wenigen Worten zusammenfaßbare Geschichte – Homer Simpson begegnet einem Außerirdischen, der von Scully und Mulder beschattet wird – erntete auch von den Kritikern viel Beifall und erreichte phantastische Einschaltquoten, als sie im November 1996 erstmals ausgestrahlt wurde.

Gillian Anderson verbrachte die drehfreien Wochen, die ihr *Akte X* ließ, allerdings keineswegs nur mit Arbeit an anderen Projekten. So nutzte sie zum Beispiel einen PR-Termin in Mailand, den sie ebenfalls im Dienste der Serie wahrnahm, zu einer ausgedehnten Italienreise, auf der sie nicht nur von ihrem Mann und ihrer Tochter, sondern auch von ihrer Mutter begleitet wurde. Wieder daheim in

Vancouver, verbrachte der Star viel Zeit damit, im Haus und im Garten mit ihrer Tochter herumzutollen. »Und wenigstens einmal pro Woche entspanne ich mich, indem ich mich ausgiebig in die Badewanne lege und laut darüber lache, wie aberwitzig das alles ist: meine Arbeit, mein Erfolg, einfach alles«, fügt Gillian schmunzelnd hinzu.

Aberwitzig sind mittlerweile auch die Auflagenhöhen, die von Zeitschriften und Magazinen erzielt werden, falls sie auch nur mit einem Foto von Gillian Anderson aufwarten können. Obwohl es der Schauspielerin bisher immer gelungen ist, sich der als Paparazzi bekannten Plagegeister weitestgehend zu entziehen, ist ihr Bekanntheitsgrad mittlerweile so groß, daß er zu einem Problem für sie wird. Während sie früher – zu den Zeiten, als *Akte X* nur eingefleischten Fans als Kultserie bekannt war – noch bedenkenlos in Vancouver oder anderen großen Städten einkaufen gehen konnte, ohne von jemandem erkannt oder angesprochen zu werden, muß sie heute zunehmend mehr Gebrauch von Hinterausgängen und Sicherheitsschleusen machen. Zudem kann ihr Blick ausgesprochen frostig werden, falls jemand zum Beispiel versucht, ein Foto von Piper zu machen. Um Gillians Privatsphäre so weit wie möglich zu schützen, haben ihr unterdessen auch alle Verwandten und alten Freunde zugesichert, keinerlei Informationen über sie an Reporter weiterzureichen. Das konnte allerdings einige unrühmliche Vertreter der britischen Regenbogenpresse nicht daran hindern, das Haus von Gillians Eltern in Grand Rapids (Michigan) im Mai 1996 heimzusuchen, wie Gillians Mutter

Rosemary berichtet: »Plötzlich stand diese Reporterin im strömenden Regen vor unserer Eingangstür. Sie hatte meine Freundin, die draußen in der Auffahrt stand, praktisch an die Seite gedrängt und erzählte mir, daß sie aus London komme, mich über meine Tochter befragen und natürlich auch ein paar Fotos schießen wolle. Ich glaube, sie ist heute noch in der Stadt und fragt jeden über Gillian aus, der jemals etwas mit unserer Familie zu tun gehabt hat. Sie ist sogar in der Schule gewesen und hat sich dort die alten Jahrbücher zeigen lassen. Mag der Himmel wissen, was sie so herausfinden will.«

Im Verlauf der restlichen drehfreien Tage ist die Schauspielerin noch mehrere Male von Vancouver nach Los Angeles und von Los Angeles nach New York gejettet, um an diesen Orten Interview- und Fototermine abzuhalten. Während sie sich dabei auch weiterhin über ihre zukünftigen Filmpläne ausgeschwiegen hat, ließ sie immerhin so viel durchblicken, daß aus dem vermeintlich schon länger geplanten Projekt, einen *Akte X*-Kinofilm zu drehen, möglicherweise nichts werden wird. »Bislang hat mich noch niemand offiziell auf ein solches Vorhaben angesprochen«, erklärte Gillian noch 1996 und fügte mit selbstbewußtem Lächeln hinzu: »Da ich auf jeden Fall vorhabe, im nächsten Jahr in der *Akte X*-Pause ein oder zwei völlig andere Filme zu drehen, kann ich nur hoffen, daß die Verantwortlichen – sofern etwas an den Gerüchten dran wäre – bald an mich heranträten. Denn sonst müßten sie bei diesem *Akte X*-Kinofilm ohne mich auskommen.«

GOING COASTAL
Russell & Carpenter Rock L.A.

COUNTING CROW
Vincent Perez Flies By Night

CINESCAPE

ACTION/ADVENTURE/SCIENCE FICTION · **·ES**/TELEVISION/NEW MED·

the
X factor

SPECIAL
X-FILES
ISSUE!

Can Scully
Remain a
Skeptic for
Another Year?

Plus: Exclusive
Preview of Chris
Carter's Millennium

Gillian Anderson
as FBI Agent
Dana Scully

10

»And the Winner is...« – Gillian auf der Straße des Ruhms

Als in Vancouver die ersten Strahlen der aufgehenden Sonne auf die North Shores Studios fielen, herrschte dort bereits hektisches Treiben, um die ersten Dreharbeiten für die vierte Staffel vorzubereiten. Die Schauspieler würden zwar erst frühestens in etwa drei Stunden eintreffen, aber bis dahin hatten die Bühnenbildner noch alle Hände voll zu tun, die fertigen Studioaufbauten für Skinners Büro und Mulders Apartment herzurichten und mit den für die erste Episode mit dem Titel *Herrenvolk* (deutscher Titel noch nicht bekannt) benötigten Requisiten zu versehen. Zudem fügten Kameraleute und Lichteffektspezialisten Notizen über die geeignete Beleuchtung, Kamerastandpunkte und -perspektiven an den Rand des Drehbuches.

Schließlich traf David Duchovny ein, der direkt aus New York kam, wo er seine Mutter und alte Freunde besucht hatte. Als er die Tür seines Wagens öffnete, sprang sein Hund Blue mit einem Satz hinaus, drehte sofort laut bellend eine Runde und begann sein Revier zu markieren. Kurz nach ihm parkte Gillian Anderson – begleitet von Piper und dem Kindermädchen – vor den Studios. Ihre Tochter an der Hand, begab sich Gillian zunächst einmal zum gemeinsamen Wohnwagen, der direkt neben den Studios seinen Platz hat.

»Ich bin wirklich froh darüber, daß ich Piper jeden Tag mit zur Arbeit nehmen kann«, erklärte die Schauspielerin. »Sie ist ein ziemlicher Wildfang und findet es daher besonders spannend, die aufregenden Dinge zu beobachten, die beim Drehen so passieren.« Gillian umarmte und küßte ihre Tochter zum Abschied und machte sich dann auf den Weg zum Set hinüber, allerdings nicht, ohne hier und da stehenzubleiben und ein paar Worte mit einzelnen Mitgliedern der *Akte X*-Crew zu wechseln. Die dabei an den Tag gelegte Herzlichkeit erweckte fast den Eindruck, als hätten sich die Beteiligten seit einer Ewigkeit nicht mehr gesehen, obwohl doch nur zwei Monate seit Beendigung der letzten Staffel vergangen waren.

Es gab allerdings auch viel zu erzählen, da sich in der Zwischenzeit eine Menge ereignet hatte. Zum Beispiel hatte David Duchovny die Chance genutzt und einen Spielfilm mit dem Titel *Playing God* gedreht, in dem er einen Arzt spielt, der sich darauf spezialisiert hat, die Schußwunden von Mafiosi zu behandeln. Dann waren James Wong und Glenn Morgan – die das *Akte X*-Team am Ende der zweiten Staffel verlassen hatten, um mit der Eigenschöpfung *Space: Above and Beyond* ihr Glück zu versuchen – mit neuen Manuskripten wieder zurückgekehrt. Beider Versuch, als Produzenten auf eigenen Füßen zu stehen, war wie bei vielen anderen auch an den zu geringen Einschaltquoten gescheitert.

Das Gesprächsthema Nummer 1 war jedoch fraglos, daß aus den vielen Gerüchten um eine *Akte X*-Kinoproduktion nun Wirklichkeit geworden war, denn Chris Carter stand kurz vor der Vollendung des Drehbuches, so daß die Dreharbeiten theoretisch im Frühjahr 1997 beginnen können würden. Alles, was der geistige Urvater der Serie dazu verriet, ist, »daß es eine spannende und in sich abgeschlossene Geschichte ist, die nichts mit den Handlungsfäden der im Fernsehen ausgestrahlten Folgen zu tun hat«.

Doch auch Gillian Anderson hat allerlei über ihre Erlebnisse während der zweimonatigen Drehpause zu berichten. »Teils aus beruflichen, teils aus privaten Gründen war ich in Italien, Frankreich, München, Bali und Tahiti, Los Angeles und New York. Ich weiß, daß sich dieses Programm nach allem anderen als nach Erholung anhört. Aber so anstrengend, wie es klingt, war es nicht, denn ich hatte hier und da jeweils eine Woche Zeit für mich, in der ich nichts mit irgendwelchen PR-Geschichten zu tun hatte und einfach tun und lassen konnte, was ich wollte.«

In diesen ersten Tagen nach der Pause vermittelte die Schauspielerin tatsächlich den Eindruck, als habe sie in der Zwischenzeit eine Menge Kraft und Energie getankt. Und nicht nur das: Sie zeigte sich darüber hinaus sehr optimistisch, die Pause im nächsten Jahr auf noch andere Weise nutzen zu können. »Ich würde sehr gern einmal in einer Komödie mitspielen. Wer weiß, vielleicht bietet sich in dieser Richtung in nicht allzu ferner Zukunft einmal etwas Passendes an. Ich hätte auch nichts gegen eine kleinere Rolle, wenn es sich nur um ein gutes Drehbuch handelt.«

Gillian Andersons Optimismus und ihre gute Laune

resultierten nicht zuletzt aus der Tatsache, daß ihre Tochter für sie jeden Tag aufs neue Anlaß zu einer heiteren und lebensbejahenden Haltung bietet. Überdies scheint es der Schauspielerin tatsächlich gelungen zu sein, die perfekte Balance zwischen Mutterrolle und beruflicher Karriere gefunden zu haben. Die Gewißheit darüber, diese nicht einfach zu überbrückende Kluft erfolgreich überwunden zu haben, schlug sich in der Folgezeit nicht nur in einem unübersehbar strahlenden Lächeln nieder, sondern auch darin, daß Gillian selbst unter den oft strapaziösen Drehbedingungen niemals ihren Humor verlor.

Zudem zeigte sie sich erleichtert darüber, daß die Veröffentlichung einiger delikater Details aus ihrer Biographie keinerlei erkennbare Nachteile für sie nach sich gezogen hatte. »Um die Wahrheit zu sagen: Ich habe langsam einfach keine Lust mehr, noch weitere sogenannte Enthüllungen aus meiner Vergangenheit kommentieren zu müssen«, gestand sie und spielte hierbei eindeutig auf das Interview im *For Him Magazine* an. »Was über mich geschrieben worden ist, entspricht im wesentlichen der Wahrheit, es ist allerdings in einer Weise aufgebauscht worden, die ich mir nie hätte träumen lassen. Wieder und immer wieder bin ich von Journalisten über meine Punker-Zeit befragt worden, und ich habe vielleicht ein oder zwei Sätze dazu gesagt. Aber die Presse stellt es so dar, als handle es sich dabei um die wichtigste Phase in meinem Leben! Sicher, ich selbst habe anfangs freimütig darüber Auskunft gegeben, und ich weiß auch, daß viele Leute derartige Informationen sehr interessant finden.

Aber langsam sollte doch jedem klarwerden, daß das alles Schnee von gestern ist.«

Obwohl die *Akte X* bereits ins vierte Jahr ging, konnte sich die Schauspielerin die unglaubliche Beliebtheit der Serie noch immer nicht ganz erklären: »Ich weiß wirklich nicht, wie wir es eigentlich so weit bringen konnten und was der Schlüssel zu unserem Erfolg ist. Damals, als wir anfingen, hofften wir zunächst nur, wenigstens eine Saison zu überstehen. Aber daß wir vier Jahre später noch immer sehr gut im Rennen liegen würden, das hätten wir nie auch nur zu träumen gewagt!«

Der mit dem Bekanntheitsgrad der Serie einhergehende schauspielerische Ruhm hat allerdings auch seine Schattenseiten. Auch wenn Gillian nach eigener Aussage ihren Erfolg genießt, so hat sie dafür doch einen hohen Preis zu zahlen. Dies betrifft zum einen die Privatsphäre ihrer Familie, die sie nach wie vor wie eine Löwin gegen jeden allzu neugierigen Klatschkolumnisten verteidigt. Zum anderen aber fordert auch und vor allem Gillians Beruf alles von ihr, zumal sie gleichzeitig ihren Pflichten als Mutter nachkommen muß.

»Manchmal frage ich mich, wie es überhaupt möglich ist, all diese Dinge unter einen Hut zu bringen«, lachte die Schauspielerin in einer Drehpause. »Aber dann sage ich mir, daß man sich über diese Frage besser nicht zu sehr den Kopf zerbrechen sollte, weil es zu nichts führt. Also füge ich mich meinem Schicksal und versuche, so gut es geht, mit dem Strom zu schwimmen und nicht alles so furchtbar ernst zu nehmen. Ein Star zu sein und in einer berühmten Serie mitzuspielen, ist schön – aber mehr auch nicht. Und es gibt weitaus wichtigere Dinge im Leben als das!«

Spätestens seit ihrer PR-Tour durch Australien hat Gillian Anderson ein zunehmend kritisches Bewußtsein für die Zweischneidigkeit und Vergänglichkeit ihrer beruflichen Anerkennung entwickelt. So ist die blinde Opferbereitschaft mittlerweile einer gewissen Abgeklärtheit gewichen: »Als ich damals schwanger wurde, litt ich furchtbar unter dem Druck, in einer Phase, in der die Serie immer erfolgreicher wurde, meinen Teil zu diesem Erfolg beitragen zu müssen, obwohl ich am Ende meiner körperlichen Kräfte angelangt war und es mir furchtbar schwer fiel, den Erwartungen der Zuschauer gerecht zu werden. Heute bemühe ich mich darum, die Dinge einfach von der positiven Seite zu sehen und nicht zu tragisch zu nehmen. Schließlich hat niemand etwas davon, wenn ich mein Los mit langem Gesicht beklage.«

Wie in den Jahren zuvor wurde auch der Auftakt der Dreharbeiten für die vierte Staffel von allerlei Gerüchten begleitet, über die Gillian Anderson nur lachen konnte: »Ich habe nicht die geringste Ahnung, wer sich diesen Blödsinn ausgedacht haben kann!« Gemeint war die allem Anschein nach aus der Luft gegriffene Behauptung, daß Mulder in Ausübung seiner dienstlichen Pflichten den Tod finden und von einem Schauspieler ersetzt werden sollte, der bereits in der Fernsehserie *Babylon 5* mitgespielt hatte. Einem anderen Gerücht zufolge sollten Mulder und Scully sogar gemeinsam unter mysteriösen Umständen von der Bildfläche verschwinden, woraufhin Skinner, Mr. X und The Lone Gunmen ihre Funktionen übernehmen würden. Chris Carter gab sich alle Mühe, die aufgebrachte Fan-Gemeinde zu beruhigen: »Ich habe zu keinem Zeitpunkt auch nur im entferntesten an so etwas gedacht. Sollte ich einmal aufgrund äußerer Umstände dazu gezwungen sein, Veränderungen an der Besetzung einzelner Rollen vorzunehmen, dann würde ich so etwas vielleicht in Erwägung ziehen. Aber ich hoffe, daß es niemals dazu kommen wird!«

Da alle Welt nichts anderes zu tun haben schien, als die Gerüchteküche anzuheizen, fühlte sich auch Gillian Anderson dazu ermutigt, einen eigenen Vorschlag für eine ungewöhnliche *Akte X*-Episode zu machen. »Ich könnte mir eigentlich gut vorstellen, daß sich zur Abwechslung zwischen Scully und Skinner ein Techtelmechtel entwickelt«, verkündete sie mit Unschuldsmiene. »Aber Chris Carter hat sich mehrfach dagegen ausgesprochen. Deswegen wird aus der Sache wohl nichts werden.«

Der Urvater der Serie selbst hüllt sich wie immer in Schweigen und ergreift allenfalls das Wort, um die sensationslüsternen Journalisten aufzuziehen. »Ich verrate nur so viel: In der neuen Staffel wird Mulder mit etwas konfrontiert werden, das er für übernatürlich hält, was Scully jedoch bezweifelt. Im übrigen wird auch die vierte Staffel mehr Fragen aufwerfen als Antworten geben.«

Ein weiteres Gerücht, das sich bereits seit einiger Zeit hartnäckig hält und auch von Chris Carter trotz mehrfacher Nachfrage nicht dementiert worden ist, lautet, David Duchovny habe gefordert, Mulder möge in der Serie eine Freundin erhalten. Der Schauspieler selbst reagiert, hierauf angesprochen, allerdings eher ungehalten: »Das ist doch absoluter Schwachsinn! Ja, sicher hielte ich es für eine gute Idee, wenn Mulder ein bißchen mehr Privatleben hätte. Aber wie kann Chris so etwas in die Öffentlichkeit tragen? Wie stehe ich denn jetzt da? Beinahe so wie eine Art Frankenstein, der seinen Schöpfer um eine Braut bittet!«

Doch auch Gillian Anderson hatte sich in einem unbesonnenen Augenblick bei einem Interview Anfang 1996 die Zunge verbrannt, als sie erklärte, eine Rolle bei *Akte X* ähnele der Situation »eines zum Tode Verurteilten«. Im gleichen Interview äußerte die Schauspielerin überdies ihre Besorgnis darüber, wie lange das Niveau der Serie wohl noch gehalten werden könne: »Ich bete zu Gott, daß *Akte X* nicht noch einmal vier Jahre beschieden sein werden, denn so lange wird auch der genialste Drehbuchautor nicht in der Lage sein, gleichwertige Manuskripte zu liefern, die so originell sind wie die bisherigen. Irgendwann wäre man wohl gezwungen, auf alte Ideen zurückzugreifen, und das würde unweigerlich dazu führen, daß die Zuschauer nur noch damit beschäftigt wären, die jeweils neueste Folge mit den früheren zu vergleichen. Ich hoffe nur, daß die Verantwortlichen ein rechtzeitiges Einsehen haben und es nicht soweit kommen lassen werden, sondern der Serie ein angemessenes Ende bescheren werden, bevor wir unser allerletztes Pulver verschossen haben.«

Als Carter von diesen Äußerungen Wind bekam, platzte ihm regelrecht der Kragen, denn er fühlte sich offensichtlich persönlich angegriffen und enttäuscht darüber, daß Gillian gewagt hatte, sein geistiges Kind als eine Art »Todesstrafe« zu bezeichnen: »Ich war damals so wütend, daß ich sie in mein Büro zitierte, um ihr die Leviten zu lesen. Schließlich war die Rolle der Scully für sie die Chance ihres Lebens. Und selbst wenn Gillian – wie wir alle – bei all der harten Arbeit von Zeit zu Zeit die Nase voll hatte, dann gab ihr das noch lange nicht das Recht, so zu reden. Ich machte ihr sehr nachdrücklich klar, daß wir den Laden dichtmachen könnten, wenn alle so denken und handeln würden wie sie.«

Nach der Unterredung mit Carter machte Gillian Anderson eine Art Rückzieher und bezeichnete ihre umstrittene Äußerung, halb entschuldigend, als »falsch verstandenen Scherz. Ich wollte wirklich niemandem zu nahe treten und werde in Zukunft meine Zunge besser im Zaum halten.«

Man kann nur Spekulationen darüber anstellen, in welchem Maße Carters Standpauke dafür verantwortlich war, daß Gillian sich fortan in Interviews weniger offen und spontan zeigte, auch wenn sie ihre Äußerungen gegenüber der Presse nach wie vor mit skurrilen Ideen und Scherzen würzte. Als zum Beispiel bei den letzten Vertragsverhandlungen ihre Gagenerhöhung an eine Weiterverpflichtung gegenüber *Akte X* von mindestens zwei Jahren gebunden war, wurde sie von einem Reporter – in offensichtlicher Anspielung auf die fünfzig weiteren Folgen als Scully – gefragt, ob sie denn »noch so viel verkraften« könne. Die

Schauspielerin erwiderte darauf mit Unschuldsmiene: »Ich bin nicht sicher, ob irgendwer das kann … Ich werde mich einfach Jahr für Jahr vorarbeiten.«

»Ich hätte nie gedacht, daß wir mit *Akte X* einen derartigen Erfolg landen würden«, erklärte Gillian Anderson zum wiederholten Mal zu Beginn der vierten Staffel. »Mittlerweile sind unsere unglaublichen Einschaltquoten für mich zwar fast zur Routine geworden, aber ich kann mir dennoch nicht vorstellen, was in möglicherweise fünf oder sechs Jahren sein wird. Wenn ich nur daran denke, gerate ich schon in Panik.«

Schon immer hat die Schauspielerin den Drehbuchautoren viel Beifall gespendet. Aber gerade in jüngster Vergangenheit erging sie sich in wahren Lobeshymnen: »Wenn ich die Manuskripte lese, frage ich mich oft, wie die Autoren bloß auf diese unglaublichen Ideen gekommen sind … und wie lange sie noch in der Lage sein werden, sich immer wieder etwas Neues einfallen zu lassen. Aber bisher ist es ihnen jede Woche gelungen, und das sagt eigentlich mehr als tausend Worte.«

Die Eröffnungsepisode der vierten Staffel – *Herrenvolk* (deutscher Titel noch nicht bekannt) – war vor allem David Duchovny auf den Leib geschrieben und knüpfte an das Vorgeschehen um Mulder an, der seiner lang verloren geglaubten Schwester wiederbegegnet, und um dessen Mutter, die auf dem Sterbebett liegt. Währenddessen agiert Scully eher im Hintergrund, indem sie in einigen Szenen mit Skinner diskutiert und ansonsten an verschiedenen Orten ermittelt.

Übereifrige Beobachter bewerteten diese Konzeption der Folge als eine Art erzieherische Maßnahme für Gillian, die für ihr kurz zuvor veröffentlichtes Interview über das »Todesurteil« möglicherweise einen Klaps auf die Finger bekommen sollte. Doch die Schauspielerin gab sich große Mühe, derlei Vermutungen als Unsinn abzutun und sich statt dessen lieber wieder in bescheidener Zurückhaltung zu üben: »Unsere Grenzen als Schauspieler werden uns eben durch die Drehbücher gesetzt. So ist es, und so bleibt es. Wir haben dies zu akzeptieren.«

Gillian sollten allerdings bereits in der nächsten Folge mehr schauspielerische Entfaltungsmöglichkeiten geboten werden: In *Home* (deutscher Titel noch nicht bekannt) ermitteln Scully und Mulder in einer Kleinstadt in einem Fall von genmanipulierten Kindern. Dabei diskutieren sie in einer Szene auf einer Parkbank über die mutmaßliche Beschaffenheit ihrer eigenen Erbanlagen, als Mulder sie – mehr im Scherz – mit »Mama« anredet und darauf zu sprechen kommt, daß Scully sicherlich eines Tages Mutterfreuden entgegensehen werde, was Gillian mit einem Blick quittiert, der zum einen Scullys latente Hoffnungen und zum anderen Gillians tatsächliche Erfahrungen spiegelt.

Bei Interviews stellen Jounalisten der Schauspielerin meist dieselben Fragen: zunächst über »die gute alte Zeit« der ersten beiden Staffeln, dann das scheinbar unvermeidliche Nachbohren, ob und wann Scully und Mulder miteinander ins Bett gehen, und schließlich die Frage, wie lange die Serie nach ihrer Einschätzung noch produziert werde. »Ich denke, sie sollte noch so lange produziert werden, wie es genug gute und spannende Geschichten gibt, die wir inszenieren können, und wie die Zuschauer uns sehen wollen«, erklärt Gillian Anderson darauf meist salomonisch. »Ich bin mir ziemlich sicher, daß es nicht zu einer sechsten oder siebten Staffel von *Akte X* kommen wird, weil dann für alle Beteiligten der kritische Punkt erreicht sein dürfte. Ich persönlich kann nur hoffen, daß die Serie ein würdevolles Ende findet, bevor sie aufgrund sinkender Zuschauerzahlen aus dem Programm genommen und eingestellt werden muß.«

Doch zurück zu den aktuellen Dreharbeiten. Unter der Regie von Rob Bowman handelt *Unruhe* (deutscher Titel noch nicht bekannt) von einem geistig gestörten Mann, der Frauen mit einem Eispickel den Schädel spaltet. Diese Episode verlangt vor allem von Gillian eine ganze Menge schauspielerischen Könnens, da Scully in die Gewalt des Psychopathen gerät und dort, zur Untätigkeit verurteilt, ihrem Ende entgegensieht, während Mulder alle Hebel in Bewegung setzt, um seine Partnerin zu retten. Es war für Gillian von der nervlichen Anspannung her eine ausgesprochen eindringliche Erfahrung, den Wechsel zwischen panischer Todesangst und entschlossener Gefaßtheit darzustellen. »Bei den entsprechenden Szenen habe ich sehr viel von meinem eigenen Charakter in Scullys Verhalten gelegt«, erklärt die Schauspielerin. »Denn das Drehbuch gab mir die Möglichkeit, zwei Seiten zu zeigen, die tatsächlich meinem eigenen Wesen entsprechen: Ängstlichkeit, aber wenn es darauf ankommt auch Stärke.«

In den wenigen Pausen, die ihr die mit aller Macht vorangetriebenen Dreharbeiten ließen, spielte Gillian Anderson Katz und Maus mit den Scharen neugieriger Reporter, die von ihr erfahren wollten, worauf sich die amerikanischen Zuschauer beim Start der vierten Staffel am 4. Oktober 1996 gefaßt machen durften. »Nun, es werden bei einigen Gesprächen zwischen Scully und Mulder Dinge zur Sprache kommen, über die die beiden nie zuvor ein Wort verloren haben«, schmunzelte die Schauspielerin und verriet gerade so viel, um die Fragenden erst recht neugierig zu machen. »Außerdem haben wir mit *Home* eine Folge gedreht, die zu den außergewöhnlichsten und bizarrsten gehört, die wir je für *Akte X* produziert haben. In der Episode geht es um eine seltsame Familie, die in einer Kleinstadt lebt, auf Strom und Heizung verzichtet, und nicht nur ihr eigenes Vieh und Geflügel, sondern auch ihre eigene Familie züchtet.«

Ebenso zurückhaltend reagierte Gillian auf die Frage nach ihren weiteren persönlichen Plänen. Abgesehen von ihrer Äußerung, daß hinter der geplanten *Akte X*-Kinoproduktion noch immer ein dickes Fragezeichen stehe, ließ sie nur so viel durchblicken: »Ich habe einige sehr unterschiedliche Drehbücher auf dem Schreibtisch liegen, die ich mir sehr genau anschauen werde. Alle haben jedoch gemein, daß sie nichts, aber auch nicht das geringste mit Geschichten à la *Akte X* zu tun haben.«

Angesprochen auf ihr früher mehrfach geäußertes

Vorhaben, selbst einmal zu produzieren, winkte die Schauspielerin ab. »Ich weiß, daß ich vor einiger Zeit von solchen Plänen gesprochen habe«, gesteht sie ein, fügt aber hinzu, »doch ich habe mein Interesse daran verloren. Gewiß bin ich nach wie vor von der Idee fasziniert, wirklich kreativ arbeiten zu können, aber die Dinge liegen heute anders als noch vor wenigen Monaten. Heute bin ich sehr viel ausgeglichener und nutze die wenige Freizeit, die mir während der Dreharbeiten bleibt, dazu, hier und da ein paar Ideen und Einfälle zu Papier zu bringen, um sie dann mit Chris Carter zu besprechen.« Und der geistige Vater der Serie ließ sich natürlich nicht lange bitten, einige verwendbare Vorschläge seiner Hauptdarstellerin in zukünftige Folgen einzubauen.

»Nominiert für die Auszeichnung als beste Hauptdarstellerin in einer Fernsehserie wurden Kathy Baker für ihre Rolle in *Picket Fences*, Christine Lahti für *Chicago Hope*, Angela Lansbury für *Mord ist ihr Hobby*, Sherry Springfield für *Emergency Room* und Gillian Anderson für *Akte X*.«
Als im Juli 1996 die Namen der Schauspielerinnen verkündet wurden, aus deren Kreis die Preisträgerin des Emmy Award für die beste Hauptdarstellerin hervorgehen würde, stellte Gillian Anderson fest, daß sie zu den erlauchten Finalistinnen in einer überaus bunten Mischung verschiedenster Unterhaltungsserien zählte. *Akte X* war zwar in insgesamt acht verschiedenen Sparten für die Verleihung des angesehensten Preises im amerikanischen Fernsehen nominiert worden, doch ausge-

rechnet David Duchovny hatte es nicht geschafft, in die Endrunde der Anwärter auf den Titel des besten männlichen Hauptdarstellers einzuziehen. Auch wenn Duchovny dafür bekannt ist, nicht viel auf Preisverleihungen zu geben, so gestand er doch ein, daß es ihn »ein wenig überrascht« habe, nicht berücksichtigt worden zu sein.

Vor diesem Hintergrund bewertete auch Chris Carter – für den immer und überall zunächst die Harmonie und der Teamgeist in der gesamten *Akte X*-Mannschaft im Vordergrund stehen – die verschiedenen Nominierungen mit einem lachenden und einem weinenden Auge. »Es tat mir für David leid, daß die Jury so entschieden hatte. Und zwar nicht zuletzt deshalb, weil die Pressemeldungen in der Öffentlichkeit oft den Eindruck erwecken, als bestehe ein scharfes Konkurrenzdenken zwischen David und Gillian, was sicherlich nicht der Fall ist. Aber bei derartigen Nominierungen werden solche Dinge immer sehr stark aufgebauscht und in den Vordergrund gespielt, auch wenn sie nicht der Wahrheit entsprechen.«

Wie auch immer: Gillian Anderson zeigte sich sehr erfreut, für die Endausscheidung berücksichtigt worden zu sein, spielte die Bedeutung der Preisverleihung jedoch herunter. »Ich werde von jetzt an wohl jeden Tag zehn Minuten lang vor dem Spiegel an meinem ›Ich fühle mich überaus geehrt‹-Blick üben müssen, weil man ja nie wissen kann, ob nicht gerade eine Kamera auf einen gerichtet ist«, erklärte sie schmunzelnd. »Aber um die Wahrheit zu sagen, bin ich der Meinung, daß vor allem

Angela Lansbury die Auszeichnung verdient hat. Dennoch werde ich mir natürlich vorsorglich ein paar Zeilen überlegen, die ich im Falle des Falles bei der Überreichung des Emmy zum besten geben kann. Aber ganz im Ernst: Auch wenn ich mich durch die Nominierung persönlich sehr geehrt fühle, so verstehe ich diese Auszeichnung in erster Linie als eine Auszeichnung der ganzen *Akte X*-Crew, ohne die ein solcher Erfolg nie möglich gewesen wäre.«

Gillians Nominierung gab natürlich nicht nur Anlaß zu zahlreichen Glückwünschen und Komplimenten, sondern auch zu allerlei Scherzen. Als ihr zum Beispiel in einer Dialog Szene mit Mitch Pileggi, in deren Verlauf eine ganze Reihe wissenschaftlicher Fachausdrücke fielen, ungewöhnlich viele Versprecher unterliefen, wandte sich Pileggi plötzlich zum Aufnahmeteam um und verkündete mit einer nonchalanten Verbeugung: »Dies war eine bewunderungswürdige Kostprobe der unvergleichlichen schauspielerischen Kunst unserer erlauchten und für den Emmy nominierten Gillian Anderson.« Die Schauspielerin stieß zwar erst einen Fluch gegen Pileggi aus, stimmte dann jedoch in das Gelächter der gesamten Crew mit ein.

Während der voranschreitenden Dreharbeiten für die vierte Staffel berief sich David Duchovny auf die vertragliche Vereinbarung, nur ein Minimum an PR-Auftritten wahrnehmen zu müssen, um seine ohnehin schmal bemessene Freizeit nach eigenem Gutdünken gestalten zu können. Ganz anders dagegen Gillian Anderson, die offensichtlich keine Gelegenheit ausließ, in diversen Talk-Shows aufzutreten. So war sie beispielsweise zum zweiten Mal Gast bei David Letterman, der angesichts der kühlen Reserviertheit der Schauspielerin – die nicht bereit war, sich auf allzu alberne Wortgeplänkel einzulassen – zu einer beinahe hilflos wirkenden Karrikatur eines Talkmasters wurde. Ähnlich selbstbewußt zeigte sich Gillian Anderson in der Talk-Show von Rosie O'Donnell. Auch der ungekrönten Königin unter den weiblichen Berufsplauderern gelang es nicht, den *Akte X*-Star aus der Ruhe oder in Verlegenheit zu bringen.

Insgesamt gesehen, hätte Gillian Andersons Medienprofil nicht besser ausfallen können, wenn nicht durch ihre zahlreichen Auftritte und Interviews in der Öffentlichkeit die letzten Zweifel daran ausgeräumt worden wären, daß ihre erst drei Jahre alte Ehe tatsächlich in einer Krise steckte. In beiden Talk-Shows war den Zuschauern und Reportern aufgefallen, daß Gillian keinen Ehering trug. Außerdem hatte die Schauspielerin durchblicken lassen, daß der um ihre Person herum inszenierte Starkult unverständlicherweise die Beziehung zu ihrem Ehemann belaste. »Es gibt eigentlich keinen erkennbaren Grund dafür, aber es ist nun einmal so«, gestand sie mit deutlich wahrnehmbarer Besorgnis in der Stimme, gab dann jedoch zu bedenken, daß es natürlich schwierig sei, mit jemandem verheiratet zu sein, der sich in einer ähnlichen Situation wie sie derzeit befinde.

Wie bei vielen anderen Stars auch wurde der kometenhafte Aufstieg Gillian Andersons von einem zunehmenden öffentlichen Interesse an ihren frühen Filmen

begleitet. Aber nicht *The Turning*, sondern eine Video-
fassung von *Matter of Choice* tauchte plötzlich aus der Vergessenheit auf und wurde im Internet in einer begrenzten
Auflage von zweihundertfünfzig Stück angeboten.

Die Existenz dieses Films, der 1988 in Chicago einen
Preis für Experimentalfilme gewonnen hatte, war selbst
für eingefleischte *Akte X*-Fans eine echte Sensation, da
Gillian Anderson in keinem ihrer unzähligen Interviews
diese Produktion jemals auch nur mit einem einzigen
Wort erwähnt hatte. Der Grund dafür, das Vorhanden-
sein dieses Streifens zu verschweigen, bleibt Gegenstand
von Spekulationen, da die Schauspielerin sich dieses
Films wahrlich nicht zu schämen brauchte. Möglicherweise aber wurde Gillian von ihren Beratern zu bedenken gegeben, daß sich viele der *Akte X*-Fans verärgert
zeigen könnten, sofern sie Wind davon bekämen, welche
Position Gillian in einer so sensiblen Frage wie dem Ab-
treibungsrecht eingenommen hatte.

Da Anfang September die spätsommerlichen Temperaturen in Südkalifornien Werte bis zu vierzig Grad Celsius
erreichen, kann es mehr als nur unangenehm sein, wenn
man zu einem Empfang eingeladen wird, auf dem festli-
che Garderobe obligatorisch ist.

Hinzu kam, daß sich Gillian Anderson ohnehin nicht
besonders wohl fühlte, als sie am Nachmittag in einer
großen Limousine saß, die erst den Pasadena Freeway
entlangrollte, dann in den Colorado Boulevard einbog
und schließlich dem *Pasadena Civic Auditorium* zu-
strebte, wo die Verleihung der Emmy Awards stattfinden

sollte. Vor Aufregung hatte die Schauspielerin eine schlaflose Nacht hinter sich und war dementsprechend morgens nur noch ein Nervenbündel gewesen, das wortkarg und in sich gekehrt der Stunde der Entscheidung entgegenfieberte.

Als der Wagen vor dem Eingangsbereich hielt, stieg Gillian aus und betrat in ihrem festlichen Kleid den scheinbar endlos langen roten Teppich, der zum Empfang der amerikanischen Film- und Fernsehgrößen ausgerollt worden war.

»Seht nur! Da drüben ist Gillian! Gillian, wir lieben dich! Gillian, Gillian! Hier herüber!«

Die Schauspielerin blickte zu der großen Tribüne hinüber, die jenseits der Straße direkt vor einem Einkaufszentrum aufgebaut worden war. Fans aller Altersgruppen waren bei dem Eintreffen ihres Idols völlig aus dem Häuschen geraten und winkten und riefen ihr zu. Diese Art von Hysterie war mittlerweile nichts Neues mehr für Gillian, aber die Intensität der Huldigungen, die ihr von ihren Fans entgegengebracht wurden, verursachte ihr doch eine Gänsehaut. Sie verzog ihr Gesicht zu einem etwas gezwungen wirkenden Lächeln und winkte zurück. Aber der Ausdruck in ihren Augen verriet, wie es wirklich in ihr aussah: Ihre Nerven lagen blank.

Als Gillian den Festsaal betrat, wurde sie zu einem Platz in der Nähe der Bühne geführt. Sie hatte sich vorgenommen, zurückhaltend und unauffällig aufzutreten, konnte sich aber nicht verkneifen, sich wie viele andere auch den Hals zu verrenken, um einen Blick auf Stars wie George Clooney oder Christine Lahti zu erhaschen, als diese den Saal betraten. In einem anderen Leben wäre sie jetzt zu ihnen geeilt, um von ihnen ein Autogramm zu erbitten. Aber Gillian wurde nun schlagartig klar, daß nun auch sie selbst zu diesem Kreis erlauchter Schauspielgrößen zählte.

Schließlich begann die Verleihungszeremonie und nahm rasch den erwarteten Gang, der durch Dankesreden und strahlende wie auch enttäuschte Blicke der Sieger und Verlierer bestimmt wurde. Gegen Mitte der Zeremonie wurde Gillian hinter die Bühne gebeten, da sie als nächste zusammen mit einem Komoderator einen weiteren Emmy überreichen sollte.

Begleitet von Fanfarenklängen, betraten sie und ihr Begleiter die Bühne, auf der die Schauspielerin mit sichtlicher Nervosität und verräterisch zitternder Stimme ein paar einleitende Worte sprach und die Namen der für den Preis Nominierten verkündete. Nachdem sie den Sieger ausgerufen und nach vorne gebeten hatte, um ihm dort seinen Emmy in die Hand zu drücken, war sie selbst wieder zu ihrem Platz im Zuschauerraum zurückgekehrt.

Dann rückte der für sie entscheidende Augenblick heran. »Für die Auszeichnung als beste Hauptdarstellerin wurden nominiert ...«

Als Gillians Name genannt wurde, zeigte die Kamera ihr Gesicht, das zwar ein angespanntes Lächeln aufwies, aber auch Zuversicht verriet. Ja, sie wußte, daß sie zumindest eine gute Chance hatte, die Auszeichnung zu gewinnen.

»Und der Name der Preisträgerin lautet ... Kathy Baker!«

Ein Schatten der Enttäuschung huschte über Gillians Gesicht, bevor sie in den anerkennenden Applaus der übrigen Zuschauer einfiel.

Als die Gäste der Preisverleihung in Scharen aus der Festhalle strömten, wurden sie in das warme Licht der letzten Strahlen der untergehenden Sonne getaucht. Wie viele der übrigen Fernsehstars wurde auch Gillian am Ausgang von Journalisten mit Fragen überhäuft, auf die sie einige beiläufige Antworten gab. Dann ging sie in Richtung ihrer bereits wartenden Limousine, begleitet von ermunternden und tröstenden Zurufen einiger Fans, die bis zu diesem Zeitpunkt auf der Tribüne gegenüber ausgeharrt hatten.

Gerührt und plötzlich von jeder inneren Anspannung befreit, zeigte die Schauspielerin nun ein wahrhaft von Herzen kommendes Lächeln und winkte den Leuten dankbar zu. Dann stieg Gillian in den Wagen, der den Weg zum Freeway einschlug, um sie zurück in ihr Hotel am anderen Ende der Stadt zu bringen. Auf dem Weg dorthin würde sie allerdings noch schnell auf ein oder zwei Partys vorbeischauen, die anläßlich der Emmy-Verleihung stattfanden. Viel Zeit blieb ihr dafür allerdings nicht, da ihr nur wenige Stunden Schlaf vergönnt waren, bevor sie ihre Maschine zurück nach Vancouver besteigen mußte, denn dort wartete bereits wieder ein weiterer Sechzehn-Stunden-Drehtag auf sie.

»Immer öfter habe ich das Gefühl, als hätte es für

mich nie etwas anderes als *Akte X* gegeben«, gestand die Schauspielerin in einem nachdenklichen Augenblick. »Aber welch unglaubliches Glück dazu nötig gewesen ist, daß ausgerechnet ich eine Hauptrolle in dieser Serie bekommen habe, wird mir eigentlich nur bewußt, wenn ich zum Beispiel über das Schicksal anderer Menschen lese.«

Während draußen vor der Seitenscheibe der schweren Limousine Los Angeles vorbeizog, befand sich Gillian Anderson – deren Name durch eine der erfolgreichsten Fernsehserien aller Zeiten weltweit in aller Mund ist – in Gedanken bereits zu Hause bei ihrer Tochter. Sicher lagen noch viele offene Fragen vor ihr und ihrer privaten und beruflichen Zukunft. Aber in diese Zukunft konnte sie voller Zuversicht und Selbstvertrauen blicken.

Nein, den Emmy hatte sie in diesem Jahr nicht gewonnen.

Aber Gillian hatte in dieser Nacht trotzdem allen Grund dazu, sich als Siegerin zu fühlen.

Und was sagt Scully dazu?

Während der Dreharbeiten für die beinahe hundert *Akte X*-Folgen hat Gillian Anderson in den vergangenen Jahren oft die skurrilsten Dialogpassagen von sich gegeben – hier ist darum eine ausgewählte kleine Sammlung von Zitaten, die als Belege für den typischen Witz und den Scharfsinn von FBI-Agentin Dana Scully gelten können.

Gezeichnet

MULDER: »Also – wenn uns die konventionelle Wissenschaft keine Antworten bietet, müssen wir uns dann am Ende nicht doch dem Phantastischen als Erklärungsmöglichkeit zuwenden?«

SCULLY: »Was *ich* phantastisch finde, ist die Idee, daß es irgendwelche Antworten geben könnte, die *unwissenschaftlich* sind. Die Antworten gibt es alle – die Frage ist nur, wo man sie findet …«

»Das Subjekt ist 156 cm groß und wiegt maximal 52 kg. Der Leichnam befindet sich in einem fortgeschrittenen Zustand der Verwesung. Ein sehr auffälliges Merkmal sind die großen Augenhöhlen, und die Schädelform deutet darauf hin, daß es sich nicht um einen Menschen handelt …«

Der Teufel von Jersey

Scully und Mulder bekommen von einem wütenden Polizisten untersagt, in einem mysteriösen Mordfall zu ermitteln, der nicht in die Zuständigkeit des FBI fällt.

MULDER *(wütend):* »Wahrscheinlich hat er nicht den geringsten Hinweis. Vermutlich kratzt er sich hilflos am Kopf, wenn sie den nächsten Leichnam finden!«

SCULLY: »Sie haben Ihre Chance verpaßt, Mulder. Sie hätten ihn wirklich demütigen können, indem Sie ihm sagen, wer Ihrer Meinung nach der Täter war – der Teufel von Jersey!«

Scully fährt zurück nach Washington, Mulder ermittelt als Penner getarnt auf eigene Faust weiter, wobei er verhaftet wird. Daraufhin erhält Scully einen denkwürdigen Anruf …

MULDER: »Scully, haben Sie heute vormittag schon was vor?«

SCULLY: »Was ist das für ein Geräusch im Hintergrund?«

MULDER: »Äh … da kotzt sich nur einer aus.«

SCULLY: »Mulder, sind Sie in einer – Ausnüchterungszelle?«

MULDER: »Glauben Sie vielleicht, ich lasse jemanden in mein Hotelzimmer kotzen?«

SCULLY: »Jetzt verstehe ich langsam, warum man Sie für einen Vagabunden gehalten hat.«

MULDER: »Wollen Sie mich runterputzen oder *(mich hier rausholen und)* etwas mit mir essen gehen?«

SCULLY: »Und ich bezahle? Oder haben Sie sich bei dieser Gelegenheit gleich ein bißchen Kleingeld erbettelt?«

Beim Essen nimmt Mulder den Teufel von Jersey in Schutz.

MULDER: »Es durchwühlte die Abfälle. Wenn es ein Menschenfresser war, wieso ging er dann nicht auf mich los? *(Er)* Hat sich *(damals)* vermutlich bedroht gefühlt oder so was.«

SCULLY: »Mulder, jetzt hören Sie doch auf, wir reden ja jetzt schon über Motiv und Alibi! Dieses Ding hat den Arm eines Menschen abgenagt, das ist nicht gerade das, was man Verteidigungshaltung nennt!«

Schatten

SCULLY: »Aber wie kann eine Kehle zerquetscht werden, ohne daß der Hals je berührt wurde?«

MULDER: »Durch psychokinetische Manipulation.«

SCULLY: »*Psychokinese?* Sie meinen wie Carrie auf dem Schulball?«

MULDER: »Was ist, wenn es irgendwie möglich wäre, die natürliche körpereigene Elektrostatik so zu erhöhen, wie wir es erleben konnten, um mit dieser Energie Materie zu beeinflussen?«

SCULLY: »Soll das heißen, daß Lauren Kyte unser Auto zu Schrott *gedacht* hat?«

MULDER: »Entweder sie oder ein Poltergeist!«

SCULLY: »*Sie sind wieder da-ha.*«

Die Botschaft

»Das letzte, was Sie so vertieft gelesen haben, ist ein Porno-Video-Katalog gewesen.«

Verlockungen

»Also, wie beschreiben wir unseren Täter dann? Er ist unbestimmbaren Geschlechts und unbewaffnet, aber unheimlich attraktiv.«

MULDER: »Die Addams Family als Missionare!«
SCULLY: »Bringen Sie mich zurück ins 20. Jahrhundert!«

Ewige Jugend

MULDER: »Sie konnten also John Barnett eine neue Hand wachsen lassen?«

DR. RIDLEY: »Nicht ganz – jedenfalls keine menschliche Hand. Ich konnte die Zellteilung nicht auf erwünschte Weise manipulieren.«

SCULLY: »Ich fürchte mich fast davor zu fragen – äh – was für eine Hand ließen Sie ihm denn wachsen?«

Täuschungsmanöver

»Sie sollten die Regierung nicht überschätzen. Wenn sie nicht einmal dazu in der Lage ist, das Haushaltsdefizit einzudämmen und die Kriminalität zu bekämpfen, wie sollte sie dann jemals ein so ausgeklügeltes Komplott planen können?«

»Mulder, es gibt eine Wahrheit da draußen – aber es gibt auch Lügen.«

Ein neues Nest

»Mulder, Ihre Aussage eben klang etwas – *eigenartig*.«

»Können Sie die Todesursache feststellen? Mein Instinkt sagt mir, daß ein Begräbnis in Zement Mord ist.«

Scully versorgt den völlig übermüdeten Mulder bei der nicht genehmigten Überwachung von Eugene Victor Tooms mit Proviant.

MULDER: »Haben Sie an das Sandwich für mich gedacht?«

SCULLY: »Es ist Leberwurst drauf! (…) Ich bleibe hier, und Sie gehen sich ausschlafen.«

MULDER: »Wie meine Personalakte aussieht, ist mir ziemlich egal, aber Sie könnten schon Ärger kriegen, weil Sie in diesem Auto sitzen.«

SCULLY: »Fox …«

MULDER *(lacht und winkt ab):* »Ich habe sogar meine Eltern gebeten, mich Mulder zu nennen. *Mulder.*«

SCULLY: »Mulder, ich würde mich für niemanden in Gefahr bringen – außer für Sie.«

MULDER: »Wenn das Eistee in diesem Beutel ist, könnte es Liebe werden …«

SCULLY: »Sie haben Pech, Mulder – es ist Bier.«

Wiedergeboren

MULDER: »Wieso fällt es Ihnen immer noch so schwer zu glauben, selbst wenn alle Indizien auf außergewöhnliche Phänomene deuten?«

SCULLY: »Weil Sie eben die Suche nach extremen Möglichkeiten blind macht für die wahrscheinliche Erklärung, die genau vor Ihnen liegt!«

MULDER: »Michelle ist acht Jahre alt, das heißt, sie wurde ungefähr zum selben Zeitpunkt gezeugt, zu dem Officer Morris getötet wurde.«

SCULLY: »Tun Sie mir einen Gefallen und lassen Sie es mich sagen – *Reinkarnation.*«

Das Labor

Mulder zeigt Scully einen Erlenmeyerkolben mit einer braunen Flüssigkeit.

MULDER: »Was könnte das hier sein?«

SCULLY *(argwöhnisch):* »Ich weiß es nicht!«

MULDER: »Könnten Sie das für mich rauskriegen?«

SCULLY *(unwirsch):* »Und was machen Sie inzwischen?«

MULDER: »Ich versuche noch etwas rauszufinden über Dr. Allen Berube.«

SCULLY *(bedrohlich):* »Na schön, Mulder, aber ich muß Sie warnen – falls das Affenpisse ist, haue ich es Ihnen um die Ohren!«

Blut

»Es tut mir leid, Mulder, er hat recht. Ich würde Ihnen liebend gerne erzählen, daß ich mitten in der Nacht dreihundert Meilen geflogen bin, um Tests mit Ihnen durchzuführen, die beweisen, daß Sie der nächste Charles Manson sind, aber ich finde sehr wenige physiologische Hinweise darauf, daß LSDM toxisch auf Sie eingewirkt hat.«

Verunsichert von einer ultraparanoiden Tirade Mulders verläßt ein Dorfpolizist den Raum.

MULDER: »Der glaubt wahrscheinlich wie die meisten Leute, daß Elvis tot ist.«

SCULLY: »Ich habe mich wohl geirrt, Mulder, ich glaube, bei Ihnen löst dieses Pestizid doch Paranoia aus.«

Excelsis Dei

MULDER: »Das Band, das in dem Videorekorder war, ist nicht meins!«

SCULLY: »Gut, ich habe es nämlich in die Schublade zu den anderen Videos gelegt, die auch nicht Ihre sind.«

MULDER: »Ich fürchte, Sie hatten recht, Scully.«
SCULLY: »Womit denn?«
MULDER: »Was hier vorgefallen ist, ist das Resultat von Medikamenten!«
SCULLY: »Aber Pilze sind *keine* Medikamente – die können ja ganz gut schmecken, aber sie wecken keine Toten auf.«
MULDER: »Schamanen benutzen sie seit Jahrhunderten, um sich in die Geisterwelt zu versetzen.«
SCULLY: »Ich schätze, Sie haben zuviel Carlos Castaneda gelesen.«

Satan
»Mulder! Diese Kröten sind gerade vom Himmel gefallen!«

Frische Knochen
MULDER: »Was wissen Sie über Zombies?«
SCULLY: »Hoffentlich haben Sie nicht vor, Robin McAlpin zu sagen, daß ihr Mann einer ist.«

Der Zirkus
SHERIFF HAMILTON *(zu Mulder):* »Sie wollen mir doch nicht erzählen, daß diese Spuren von der Fidschi-Meerjungfrau stammen?«
SCULLY *(zu Sheriff Hamilton):* »Wissen Sie, was Barnum über Dummköpfe gesagt hat?«

DR. BLOCKHEAD: »Wie viele Menschen kennen Sie, die sich in weniger als drei Minuten aus einer Zwangsjacke befreien können?«
SCULLY: »Glücklicherweise keinen.«

MULDER: »Sie sprechen von Sheriff Hamilton?«
SCULLY: »Ich spreche davon, daß er, bevor er Sheriff Hamilton wurde, James Hamilton Jim-Jim, der hundsgesichtige Junge, war.«

Heilige Asche

MULDER: »Sehen Sie, das hier ist ein Heliumballon, und eins hab ich schon im Kindergarten gelernt: Wenn man einen losläßt, schwebt er ziemlich schnell himmelwärts. Aber wie Sie sehen können, schwebt dieser hier horizontal von ihm fort.«
SCULLY: »Haben Sie auch was über Wind im Kindergarten gelernt?«

Offenbarung

»Mulder, tun Sie mir einen Gefallen? Würden Sie mal an Mr. Jarvis riechen?«

Parallele

MULDER: »Ob sie es wußte oder nicht, sie wiederholte genau dieselben Worte, die von Amys Entführer zur gleichen Zeit zwanzig Meilen entfernt ausgesprochen wurden!«
SCULLY: »Sehr spooky.«

»Ich sage das nicht gerne, Agent Mulder, aber Sie haben gerade Ihre Glaubwürdigkeit verspielt.«

Krieg der Koprophagen

MULDER: »Offenbar werden hier Menschen von Kakerlaken angegriffen und getötet.«

SCULLY: »Ich werde Sie jetzt nicht fragen, ob Sie das noch mal wiederholen könnten, weil ich weiß, daß Sie's tun würden.«

MULDER: »Ich sah mich plötzlich mit einer Gottesanbeterin konfrontiert und fing an zu schreien – und das war nicht etwa das Kreischen eines kleinen Mädchens, sondern vielmehr der Schrei von jemandem, der einem Monster gegenübersteht, das nicht das Recht hat, den gleichen Planeten wie ich zu bewohnen. Ist Ihnen aufgefallen, daß der Kopf einer Gottesanbeterin dem Kopf eines Außerirdischen sehr ähnlich ist?«

SCULLY: »Kann es nicht doch nur ein Mädchenkreischen gewesen sein?«

MULDER: »Bambi hat auch eine Theorie entwickelt, von der ich noch nie gehört habe.«

SCULLY: »Wer?«

MULDER: »Dr. Berenbaum. Jedenfalls ist sie der Meinung …«

SCULLY: »Ihr Name ist *Bambi*?«

MULDER: »Ja. Ihre Eltern sind beide Naturkundler. Sie hat die Theorie entwickelt, daß UFOs eigentlich nur Nachtinsektenschwärme sind, die elektrische Felder durchfliegen.«

SCULLY: »Ihr Name ist *Bambi*?«

Energie

SCULLY *(zu Detective Angela White):* »Lassen Sie mich raten – sie erzählten Ihnen was von einer wilden Bestie,

die auf einer schwarzen Messe erschien, um das Blut eines geopferten Kleinkindes zu trinken – oder das einer
blonden Jungfrau.«

DET. WHITE: »Ja, … das stimmt, … äh … – entschuldi-
gen Sie mich!« *(Geht hastig ab)*

SCULLY: »Wo läuft sie denn hin?«

MULDER: »Sie halten sie doch wohl nicht für eine Jungfrau?«

SCULLY: »Ich halte sie noch nicht einmal für eine Blondine.«

Der See

Scully und Mulder untersuchen eine halbe Wasserleiche.
Mulders Hauptverdächtiger ist ein Seeungeheuer.

MULDER: »Das sieht mir ganz so aus, als hätte jemand einen großen Bissen genommen!«

SCULLY: »So groß vielleicht auch wieder nicht.«

MULDER: »Wie meinen Sie das?«

SCULLY: »Na ja, Fische fressen sich auflösende Substan-
zen. Jeder Körper, der eine gewisse Zeit im Wasser liegt,
wird automatisch zur Nahrungsquelle. Wir essen Fische,
und Fische essen uns.«

SCULLY: »Sie sind genau wie Ahab. Sie werden auch so
verzehrt von Ihrer persönlichen Rache am Leben, egal,
ob es um die damit verbundenen Grausamkeiten oder
seine Mysterien geht, daß irgendwie alles eine verzerrte
Bedeutung annimmt, damit es sich in Ihr megalomani-
sches Weltbild fügt!«

MULDER: »Scully, versuchen Sie mich anzubaggern?«

SCULLY: »Ich meine – die Wahrheit oder ein weißer Wal
– was für einen Unterschied macht das schon?«

Gillian auf der Spur:
Surfen Sie im Internet!

Gillian Anderson ist auf der elektronischen Datenautobahn zu einem echten Internet-Liebling geworden, und damit gleichzeitig zu einem Objekt der Bewunderung und vieler Sehnsüchte, um das sich zugleich viele Gerüchte und Spekulationen ranken. Die Schauspielerin ist von dieser besonderen Form des Starkultes durchaus angetan. »Es schmeichelt mir, daß es gerade die Computer-Freaks sind, die mich zu ihrem Idol erhoben haben«, begründet sie ihre Haltung, »und daß ich nicht nur Fan-Briefe bekomme, die sich darauf beschränken, mir mitzuteilen: ›Oh, du bist so wunderschön, ich möchte, daß du meine Frau wirst, ich kann es nicht abwarten, dich endlich nackt zu sehen.‹ Natürlich gibt es so etwas auch im Internet, aber die Computer-Fans zeichnen sich doch meist durch Intelligenz und durch ein höheres Maß an Stil aus.«

Nun, da Sie als Leser dieses Buches ja bestens über Gillian Andersons bisherige Lebensgeschichte informiert sind, möchte ich Ihnen – gewissermaßen als Fahrschein für die Mitreise bei der weiteren Odyssee des *Akte-X*-Lieblings – die folgenden Computer-Websites und -Foren empfehlen:

Das *Akte X*-Forum
Indem Sie einfach *Akte X* auf Ihrer Tastatur eintippen und das mysteriöse Emblem unterhalb des Spruches *Trust No One (Vertraue niemandem)* anklicken, erhalten Sie Zu-

gang zu mehr als einhundert Boards, die sich aus den unterschiedlichsten Blickwinkeln mit *Akte X* und Gillian Anderson befassen. Neben Fakten und Informationen finden sich dort auch Gerüchte, Phantastereien und allerlei Spielarten von Wunschdenken. Doch das Forum bietet mehr als nur einen bloßen Meinungsaustausch: Ein umfangreiches *Akte X*-Archiv hält Protokolle von Fan-Treffen, Fotos von Gillian Anderson und jede Menge an abgedruckten und im Radio ausgestrahlten Interviews bereit.

Die Gillian-Anderson-Homepage

Als solide Einführung für jeden, der sich mit dem Phänomen Gillian Anderson beschäftigen möchte, enthält diese Homepage die dem Star am häufigsten gestellten Fragen und zahlreiche Presse- und Radiointerviews sowie Hinweise zu weiteren Gillian Anderson-Pages.

http://duggy.extern.ucsd.edu/%7elinny/Gillian.html

Eine weitere Gillian-Anderson-Homepage (Mulder … ich bin's)

Bei weitem die beste Gillian-Anderson-Homepage im Internet! Diese ständig auf dem neuesten Stand gehaltene Homepage beinhaltet sowohl Zeitungs- und Zeitschrifteninterviews, Artikel, Dialogpassagen aus einzelnen Folgen der Serie als auch weitere Anderson-Pages und Fotomaterial. Ich habe es erlebt, daß Zeitungsartikel über Gillian Anderson bereits achtundvierzig Stunden nach ihrem Erscheinen in diese Page kamen. Sicherlich die beste Empfehlung für den, der sich täglich über den neuesten Stand informieren möchte.

http://cygnus.rsabbs.com/kwitzig/gillian.html

Die Gillian Anderson Testosteron Brigade

Selbst wenn die Teilnehmer an diesem Gesprächspool gelegentlich bemerken, daß Gillian Anderson auch Köpfchen hat, so liegt der Interessenschwerpunkt dieser hauptsächlich von Männern frequentierten On Line-Gruppe eindeutig auf den körperlichen Vorzügen der Schauspielerin. Die hier angeschlagenen Töne umfassen die ganze Skala menschlicher Ausdrucksformen: von schwärmerisch-gefühlvoll bis deftig-grob.

http://www.bchs.uh.edu/=ecantu/GATB

Die Gilliain-Anderson-Foto-Galerie

Diese unglaublich umfassende Fotosammlung bietet dem Interessierten mehr als zweihundert eingescannte Fotos von Gillian Anderson aus den verschiedensten Phasen ihrer Karriere.

http:www.proxy.aol.com

Gillians Insel

Wie zu erwarten, ließ auch eine weniger ernsthaft ausgerichtete Web-Site über *Akte X* und Gillian Anderson nicht lange auf sich warten. Dieses Spaßpaket enthält Hörbeispiele zum Schmunzeln, erlauschte Interviews, die nicht für die Öffentlichkeit bestimmt sind, und eine spezielle *Akte X*-Weihnachtsüberraschung, bei der die Stimmen Andersons und Duchovnys in eindeutig zweideutiger Tonlage zu hören sind.

http://www.blarg.net/miri/xf/ga/rwreed/scully.page.html

Scully: Eine Fotografische Reise mit Gillian Anderson
Hierbei handelt es sich um eine recht gradlinig erzählte
Fotogeschichte über Gillian Anderson. Das Ganze ist
mit einem gut recherchierten Text unterlegt, der unter
anderem die im Internet herumgeisternden Nacktauf-
nahmen der Schauspielerin als Fälschungen entlarvt.
http://home.earthlink.net

Go Gillian Anderson
Hier haben sich einige frühere Mitschüler der Schauspielerin zusammengeschlossen, um der Nachwelt ihre
Jugenderinnerungen an Gillians wilde Jahre zu erhalten.
http://shoga.wwa.com./=phlash/goga.htm/

Die Kirche der unbefleckten Gillian
Blanke Ironie. Besuchen Sie den Gillian-Anderson-
Schrein, lesen Sie eine Messe und bringen Sie ein Opfer
dar. Gute und saubere Unterhaltung.
http://www.hway.net/ggc/cig.html/

Die Gillian Anderson Oestrogen Brigade
Als Gegenstück zur *Testosteron Brigade* bietet diese Web-
Site ein Forum für Frauen, deren Bewunderung für Gillian
Anderson nichts mit dem Sex-Appeal des Stars zu tun hat.
http://207.86.129.202/gaeb/

**Die Vereinigung der wahren Gillian-Anderson-
Bewunderer**
Auf dieser Web-Site tauschen sich Fans aus, die Gillian
Anderson wegen ihres Talents als Schauspielerin vereh-
ren und dafür, daß sie eine wunderbare Mutter ist.
http://www.cyberbeach.net/-jonmg/GA/GAGA.html

Gillian, Gillian – und kein Ende abzusehen

Als Ende 1996 in Vancouver die finale Klappe für die letzte *Akte X*-Folge der vierten Staffel gefallen war, werden sicher einige Crewmitglieder aufgeatmet haben und nach den Anstrengungen der zurückliegenden Wochen in einen wohlverdienten Urlaub gestartet sein. Nicht so Gillian Anderson.

Wie bereits erwähnt, hatte Gillian in einer vorangegangenen *Akte X*-Pause die Moderation der BBC-Serie *Future Fantastic* übernommen. Damals war ihr auch der mitreißende Soundtrack der Serie aufgefallen, und spontan hatte sie dem Produzenten geraten, die Musik zu veröffentlichen.

Tatsächlich wird ein Song aus der Serie demnächst erscheinen – allerdings nicht auf einer Soundtrack-CD, sondern unter dem Namen *Extremies* als Techno-Song remixt auf einem Sampler, dessen Name zum Redaktionsschluß dieses Buches noch nicht feststand. Was an dem Song der Gruppe *HAL* für Gillian-Anderson-Fans besonders interessant sein dürfte, ist die Tatsache, daß Gillian bei diesem Projekt als Sängerin – oder sagen wir besser: als Sprecherin – fungierte. Das Ergebnis kann sich (angeblich) hören lassen, auch wenn die erotisch-poetischen Texte nicht so recht zu Gillians Scully-Image passen wollen. Aber vielleicht hat ihr das Sprechen gerade deswegen so viel Spaß gemacht?

In letzter Zeit hat Gillian wieder verstärkt den Wunsch geäußert, etwas zu machen, das möglichst weit von Scully und den unheimlichen Fällen des FBI entfernt ist: eigene Kinofilme, eine Rückkehr auf die Bretter, die die Welt bedeuten. Oder aber vielleicht doch eine Karriere als Disco-Queen?

Nun, wohl kaum. Gillian verriet der Zeitung *Rolling Stone* jedenfalls, daß ihr Plattendebüt zwar »eine richtig geile Dancefloor-Single« geworden sei – aber sie bleibt auf dem Boden der Tatsachen: »Nicht daß ich jetzt Plattenstar werden will – um Gottes willen! Aber die Arbeit in einem anderen Metier hat Riesenspaß gemacht.«

Riesenspaß dürfte Gillian auch bei einer Fotoproduktion für die Zeitschrift *Rolling Stone* gehabt haben, für die sie und David ja bereits einmal halbnackt im Bett posiert hatten. Auf der März-'97-Ausgabe des Magazins ist Gillian nun als Heldin eines B-Movies aus den Tagen des Schwarzweißfilm-Pioniers Jack Arnold zu bewundern: knietief im Sumpfwasser, bekleidet nur mit einem roten Unterkleid, dafür aber in den Armen eines schleimig-grünen Monsters (ebenfalls eine Hommage an Jack Arnolds berühmtes Monster aus der Lagune). Titel der Covergeschichte: »Gillian Anderson ist *Die Prinzessin der Paranoia!*« (Im Innenteil entpuppte sich das grüne Monster dann übrigens als niemand anderes als Chris Carter.)

Die Frage, die Fans natürlich brennend interessiert: Wird Gillian der *Akte X* auch weiterhin treu bleiben? Schließlich sieht sie den gerüchteweise geplanten Ausstieg von Chris Carter (der sich angeblich stärker seinem in den USA etwas schwächelnden Projekt *Millennium* widmen will) aus der Serie nicht gerade positiv: »Ich mache mir Sorgen über sein Nervenkostüm und sein Durchhaltevermögen«, erzählte sie *Starlog*. »Ich befürchte aber keinesfalls, daß Chris *Akte X* nur im geringsten vernachlässigt.« Allerdings gab Gillian in einem anderen Interview auch zu bedenken: »Ich fürchte, wenn er nicht mehr da ist, wird die Serie ihre Magie verlieren.«

Bekannt ist außerdem, daß »LaAnderson« sich wieder einmal intensiv mit einem Filmprojekt beschäftigt hat. Aus Insiderkreisen heißt es, sie sei sehr daran interessiert, in der Kinderbuchverfilmung *The Mighty* mitzuwirken. *The Mighty* erzählt die Geschichte eines kleinen Jungen, der sehr schlau, aber auch etwas schwächlich ist, und seinem besten Freund, der ziemlich kräftig, aber auch dezent unterbelichtet ist. Zumindest würde dieses Projekt Gillians Wunsch entsprechen, zunächst in einer kleinen Nebenrolle aufzutreten, denn für die »große« Nebenrolle der Produktion wird bereits seit einiger Zeit Sharon Stone gehandelt.

Was ihre Beteiligung an dem ursprünglich für das Frühjahr 1997 angesetzten *Akte X*-Kinofilm (von dem bislang aber noch nichts zu hören war) angeht, so äußerte sich Gillian in letzter Zeit eher skeptisch. Sicher ist dafür aber immerhin, daß sie auch in der fünften Staffel der Serie, die 1997 wieder in Vancouver gedreht werden soll, dabeisein wird.

Andererseits: Wie lange wird Gillian Anderson einer Serie die Stange halten, die sie zwar zu einem internatio-

nalen Star gemacht hat (und ihr 1997 einen weiteren
Golden Globe als beste Hauptdarstellerin in einer TV-
Serie einbrachte), sie aber auch deutlich benachteiligt?
Während nämlich ihr Costar David Duchovny für jede
Folge (geschätzte) hunderttausend Dollar Gage erhält,
bekommt Gillian gerade mal (geschätzte) sechzigtau-
send Dollar. Und in den ersten beiden Staffeln bekam
sie sogar nur die Hälfte von Duchovnys Gage!

Angeblich begründet sich die höhere Gage auf Duchovnys größerer TV- und Filmerfahrung – ein etwas fa-
denscheiniges Argument, wenn man bedenkt, daß
Duchovny in »seinen« meisten Filmen nur Kurzauftritte
hatte (oder in den *Red Shoe Diaries* zwar publicitywirksam
die Hosen fallen ließ, damit aber auch nur einen eher un-
wichtigen Beitrag zur Geschichte der TV-Industrie geleistet hat …). Kam die Gagendiskussion zu Beginn der Serie
auf, wurde von seiten der Verantwortlichen immer darauf
verwiesen, daß Mulder die eigentliche Hauptfigur der
Akte X sei und Scully »nur« die zweite Geige spiele und
außerdem David Duchovny weit mehr im Brennpunkt des
Zuschauerinteresses stehen würde als Gillian – aber das
hat sich inzwischen ja bekannterweise auch geändert.

Einverstanden ist Gillian mit der für sie unfairen finanziellen Regelung sicher nicht – wer weiß, ob dies
nicht vielleicht sogar ihre verdrängt geglaubten Selbstzweifel wieder aufkeimen läßt? Während aber im Internet eifrig über das Problem diskutiert – und dabei fast
ausschließlich Partei für Gillian ergriffen – wird, hat sie
selbst sich öffentlich eher zurückhaltend dazu geäußert;
darauf angesprochen, betont Gillian jeweils nur knapp,

daß sie die unterschiedliche Honorierung »nicht in Ordnung« findet. Aber was soll sie auch sagen – immerhin hat sie durch Chris Carters Standpauke wegen ihres »Todesurteil«-Statements ihre Lektion gelernt ...

Auch zu einem weiteren Punkt, der Anlaß für viele Gerüchte ist, schweigt sich Gillian beharrlich aus: der Frage nämlich, wer der neue Mann an ihrer Seite ist. Daß die Ehe mit Clyde Klotz inzwischen endgültig in die Brüche gegangen ist, darf als gegeben angesehen werden – genauso wie die Tatsache, daß Gillian sich erneut verliebt hat.

Gerüchteweise handelt es sich um den um einige Jahre jüngeren Schauspieler, der in der vieldiskutierten *Akte X*-Folge *Home* (deutscher Titel steht noch nicht fest), einer Hommage an den Film *The Texas Chainsaw Massacre,* einen der kannibalisch veranlagten Söhne einer inzestuösen Familie spielt. Da sich allerdings alle drei Sohn-Darsteller unter teilweise furchterregenden Masken und Prothesen verbergen, kann man Gillian – zumindest zur Optik ihres neuen Begleiters – noch nicht beglückwünschen ... Inoffiziell ist inzwischen bekanntgeworden, daß der junge Schauspieler von Gillian und ihrem Management zu absolutem Stillschweigen verdonnert wurde. Was auch verständlich ist, denn Gillian hat, neugierige Fans hin, neugierige Fans her, auch ein Recht auf Privatsphäre.

Fest steht aber: Wir können uns noch auf einiges von Gillian Anderson gefaßt machen. Und das ist gut so!

BILDNACHWEIS

Farbbildteil
action press 8, 20
dpa Fotoreport 13, 15, 16
dpa Fotoreport / Istvan Bajzat 14
Inter-News 2, 5, 9, 12
inter-TOPICS / Corbis 17
inter-TOPICS / Galella 18
inter-TOPICS / Retna USA 3, 6
inter-TOPICS / Shooting Star 1, 7
Pandis Media / Angeli Photo News Agency / Mario Brenna 11
Photo Selection 10, 19, 21

Alle **Schwarzweiß-Abbildungen** stammen aus dem Buch
»Entschlüsselt – Ein Streifzug durch das Archiv der Akte X« von
Ted Edwards (München: Wilhelm Heyne Verlag, 1997).

HEYNE BÜCHER

Außergewöhnliche Phänomene unserer Zeit

Erfolgsautoren entschlüsseln rätselhafte Erscheinungen und lang gehütete Geheimnisse.

Heyne-Taschenbücher

HEYNE BÜCHER

AKTE X

Michael White
Die Wissenschaft der Akte X
*Beweise für die Realität des
Unerklärbaren*
01/11506

Ted Edward
Entschlüsselt
*Ein Streifzug durch das Archiv
der Akte X*
01/10252

Jörg Alberts
Roland Hepp / Kai Krick
**»Sagen Sie, Scully…?«
Das große
Akte-X-Quizbuch**
*2.000 fesselnde Fragen für
Fans des Unerklärlichen*
01/10253

Marc Shapiro
**Gillian Anderson –
Die Akte Scully**
*Facts und Fiction über die
Frau der 90er*
01/11519

Chris Nickson
**David Duchovny –
Der X-Faktor**
*Facts und Fiction über den
Star der 90er*
01/11514

N.E. Genge
Akte X – Wie es wirklich war
*Die wahren Hintergründe der
unheimlichen Fälle von Scully
und Mulder*
01/10251

N.E. Genge
Die Wahrheit über Akte X
*Geheimnisse, Verschwörungen,
Hintergründe*
01/9866

01/10252

Heyne-Taschenbücher